車
ション

新装版

ロシアから見た日露戦争

大勝したと思った日本　負けたと思わないロシア

岡田和裕

潮書房光人新社

本書では、一九〇四～〇五年にかけて戦われた日露戦争について描かれています。

世界に名だたる陸海軍国であったロシアに挑んだ日本ですが、ではロシアはその戦いにどのように臨んだのか。

革命の蠢動が見え、ロマノフ王朝の土台がゆらぎ始めた時代、専制体制の支配者たちと民衆、戦争に対する強硬派と慎重派、さまざまな要素に焦点をあて〝ロシア側〟から日露戦争を読み解くノンフィクションです。

はじめに　——負けたのはロマノフ王朝でロシア人民ではない

日露戦争（一九〇四〜〇五年）のことである。

戦争を始めるには、それなりの動機がある。日本の場合、日清戦争（一八九四〜九五年）に勝利して朝鮮半島における優位権を欧米列強が、かつて宗主国であった清国（当時の中国の国号）が認めたにもかかわらず、ロシアが軽視したことが許せなかった。

それればかりか日本が賠償の一部として中国から割譲された満洲南部の遼東半島（遼寧省）を、ロシアがドイツ、フランスと謀《はか》って返還を強要。いわゆる三国干渉である。日本が満洲に領土を領有するのは中国の独立を脅かし、ひいては極東の平和を乱すというのが口実で、列強三国の圧力の前に日本は応諾せざるをえなかったが、その舌の根も乾かない一八九八年にロシアは日本が返還した遼東半島を中国から租借し併せて、満洲の広範囲にわたる鉄道敷設権を獲得した上、さらに朝鮮への露骨な侵食を始めたのである。朝鮮における地歩を固めたい日本にとって、ロシアのこうした行為は看過できる問題ではなかった。

租借期限は遼東半島が二十五年、鉄道が三十六年だが、返還には厳しい付帯条件があって、実質は永久譲渡に等しかった。それにとどまらず、一九〇三年にロシアは中国と朝鮮との国境河川である鴨緑江沿岸の森林開発にまで手を延ばし、民間人を装った兵士を朝鮮の領域に常駐させた。

度重なるロシアの威圧的行為に日本は再々抗議したが、ことごとく無視されたことに日本国民の怒りはつのった。いうところの臥薪嘗胆だ。臥薪嘗胆とは中国の古書『十八史略』にある故事で目的を遂げるために自らに試練を課し、厳しい苦労や努力をすることで、日本国民は臥薪嘗胆を合言葉にロシアからの屈辱と日清戦争後の不況、軍需景気のリバウンドに堪えたのである。

しかし相手は世界一の陸軍と世界二位の海軍を有する軍事大国ロシアで、日本の指導者たちも勝てる自信がなかった。欧米列国の観測も断然ロシア有利で、「戦いは三ヵ月でケリがつく。もちろん勝つのはロシアだ」であった。

日本はまず緒戦に勝ち、優位を占めているうちに第三国の仲介で和解に持ち込む、つまり引き分けを狙って乾坤一擲の勝負に出た。日本に有利な材料はロシア国内の意志統一がなされていなかったこと、ロシア本国と戦場となる満洲（現中国東北）との間に、五千キロ余の距離があり軍隊、武器、弾薬などの輸送に困難がともなうことから、機先を制すれば立ち上がり優位を占めることは可能であるという判断から戦争に踏み切り、現実もそうなった。

今に思えば向こう見ずなことをしたものだが、戦う以外に選択肢があったかというばノーだ。尋常な手段ではロシアの重圧は跳ね返せなかった。あのままでは済《な》し崩し的に朝鮮半島はロシアの勢力圏になっていた。日本にとって国家の存亡をかけた勝負だった。

ではロシアはどうだったのか。

もとよりロシアにも戦う理由はあった。だがしかしロシアは三国干渉も朝鮮問題も拍子抜けするほど問題視していなかった。いやそれ以前に日本そのものを問題にしていなかった。

実はロシア国内には日本のことよりも頭の痛い問題があった。ロマノフ王朝（一六一三～一九一七年）の土台が揺らいでいたのである。皇帝を頂点として皇族、貴族、軍人、高僧らに支えられてきた専制君主制が軋み始めていたのだ。専制君主制のもとで奴隷のように扱われてきた労働者、農民らの自由、解放を求める声が全国に広がりをみせ、革命活動と連動したことで、ロシア革命（一九一七年）の蠢動が各地各所で見られた。

ロシア民衆の意識を覚醒させたのはフランス革命（一七九八年）だった。封建体制が崩壊、自由と人権を求める新たな思潮はヨーロッパを席巻し、遅ればせながらロシアにも波及。国家存立の危機につながる危険な思想をロシア国内に広めたのは、皮肉にも歴代皇帝がヨーロッパに派遣した軍隊、すなわち労働者、農民ら兵卒であった。

ロシアにおいて専制体制崩壊の兆しは、すでに十九世紀の早い時期に現われていた。一八六一年には専制体制の基盤といえる農奴制度が廃止に追い込まれた。だが皇帝を始め専制体制の支配者たちは、国家の根底を揺るがすほどの大事とは受けとめていなかった。知的レベルの低い農奴が領主の庇護を離れて自立できるとはとうてい思えなかった。ましてや皇帝に反旗を翻すなど考えられもしないことだった。

日本にどう対応するかについては、宮廷には強硬派と慎重派とがあった。強硬派は国内の不穏な空気と日本問題を結びつけて、皇帝ニコライ二世（在位一八九四〜一九一七年）に開戦を促した。日本と戦争することで、満洲、朝鮮問題にケリをつけると同時に国民の不満解消を狙ったのである。国民の不満の捌《は》け口を国外に敵をつくることによって解消する手法は古今東西の為政者が用いる常套手段で、幸いというか日本が挑戦的な態度を見せていた。ロシアからすれば取るに足らない、極東の小国が何を吠えているかという程度のもので、万が一にも負ける気遣いのない日本を叩けば、とりあえず国民の不満は鎮静化し、日本を四つの島に閉じこめてしまえば、こうるさくいう者もいなくなり、まさに一石二鳥だ。

農民には満洲と朝鮮の土地を与える。シベリアよりはるかに豊饒な土地を得た農民は喜んで働くであろうし、慢性化した食糧不足の解消につながる。未開人と虎と熊しか住まないシベリアと違って、中国本土からの移民が急増している満洲は市場としても有望だ。金儲けのためなら危険も厭わない商人と都会の失業者を送り込めば、産業の萌芽が望める。それによって国内の革命気運が縮減するであろうと考えた。現実にそうなるという確かな見通しがないにもかかわらず、強硬派が皇帝に吹き込んだのはそういうことであった。

一方の慎重派は、とりあえず朝鮮問題で日本を刺激することは止め、満洲での地歩を固めてから日本と決着をつける。三国干渉の例に倣《なら》えば、一喝すれば日本は縮み上がるであろうし、それでもとやかくいうようなら本気で戦争する構えを見れば、とりあえず日本は黙るであろうから、朝鮮半島はそれからゆっくり料理すればよいと考えた。

ロシアが開戦に踏み切った、もう一つの動機はロシアが置かれた国際環境があげられる。イギリス、フランスよりも遅れたドイツよりも、さらに遅れて産業革命と資本主義とがやってきたロシアは産業、金融など社会力の面で、ヨーロッパの有力国の中で著しく劣っていた。それでいて何かというと剣を振り回すロシアはヨーロッパでは嫌われ者だった。

ロマノフ王朝の三百年は戦争の絶え間がなかった。戦った相手はスウェーデン、ポーランド、トルコ、オーストリア、ドイツ、フランス、エジプト、ブルガリアと手当たり次第で、もちろん勝ち戦もあれば負け戦もある。

ロシアの国是は南下政策。北にしか海を持たないロシアは、冬でも凍らない港が国の発展に不可欠であった。しかし暖かい海を目指せば、どこかの国と衝突する。度重なる戦の末、やっと黒海まで進出できたものの、ボスポラス海峡から地中海に出るにはトルコが邪魔だった。しかしロシアの勢力が地中海にまで及べばヨーロッパにおける均衡が保てなくなることから、イギリスとフランスがトルコを後押ししてこれを拒んだ。クリミヤ戦争（一九五四〜五六年）だ。

バルカン半島での不凍港の確保に失敗したロシアは矛先を極東に向けた。その結果、中国、日本と衝突することになったのである。

ロシアを対日戦争へと促したのはドイツだった。ドイツとロシアはバルカン半島を巡って小衝突を繰り返していた。ニコライ二世とドイツ皇帝ウイルヘルム二世は従兄弟で、表面は友好を取り繕っていたが本心は別だった。奸智《かんち》に長けたウイルヘルム二世はロシアに極東で事を起こさせようと画策。ヨーロッパとの国境に配備されてあるロシアの精鋭部隊が邪魔なのである。彼らが極東に向かわざるをえない情況を作って、その間にバルカン問題を有利に解決しようと考えた。しかしニコライ二世は精鋭部隊を動かすつもりはなかった。そうまでしなくても日本には勝てると思っていたし、実のところ日本よりドイツを警戒していた。日本は万が一にもモスクワまで攻めては来ないが、ドイツの脅威はペテルブルグ、モスクワにも及ぶ。

今日では広く知られているが、三国干渉の仕掛人はウイルヘルム二世だった。思惑どおりどさくさに紛れて、ドイツは膠州湾（山東省）を領有し中国進出の足掛かりとし、他方、ロシアも念願の冬でも凍らない港、旅順、大連を手にしたものの、結果として日本のみならず中国の恨みを買った。遼東半島返還で恩を売った中国を、真顔で裏切ったのである。さすがの中国も怒った。体面を重んじる中国が、面と向かって往復ビンタを食ったのである。満洲が日露戦争の主戦場となると、中国は局外中立の立場を取りながら、陰に陽に日本に味方しロシアの足を引っ張ったのはロシアへの報復であった。

こうしたドイツとロシアの動きに敏感に反応したのがフランスだった。フランスはドイツの軍事的脅威からロシアと同盟を結んでいたが、ロシアが極東にシフトしたことからドイツに対抗するためにイギリスと組んだ。

それもロシアにとっては思惑外であった。フランスとの同盟関係が有名無実となったのである。ロシアはヨーロッパで孤立した。そこへもって新興国アメリカの登場だ。ロシアと同じく、遅れて来た資本主義国家のアメリカは、まだ市場の分割がすんでいない満洲に目をつけていた。このままではロシアが領土にしかねないことに危機感を抱いたアメリカは、アジアの市場がロシアに荒らされるのを好まないイギリスと共に日本を後押しした。アメリカはロシア、日本のどちらが勝っても深手を負い、つけ入る隙が生じると計算したのである。

かくして世界中に味方がいなくなったロシアに残された道は日本を蹴散らして、世界にロシアの威厳を示す他に策がなくなったのである。

日本政府はこうした欧米大国の事情を察知はしていたが、大国同士の外交に割って入るだけの力のなかった日本は利害を共有でき、しかも領土的野心のないイギリスと組んだ。日英同盟（一九〇二年）である。

では日本、ロシアにとって、日露戦争はどのような戦争であったか。

まず日本。ロシアに大勝したと思っていた国民はポーツマスの成果を国辱と受け取った。戦争はいつの場合もナショナリズムを増幅させる。裏切られたという思いと偏狭的ナショナリズムとが相乗して、武力による国威高揚を渇望するようになった。こうした国民の過剰なまでの期待が軍を押し上げ、政治を軽んじる風潮が軍内部に芽生えた。ことに伊藤博文ら明治の元勲が亡くなって、軍を抑える存在がなくなったことから、こうした傾向は加速、増幅した結果、日本はまがうことなき軍国主義の道を歩むこととなった。行き着くところが満洲事変、日中戦争、大東亜戦争、挙げ句がかの敗戦だった。

しかし日露戦争当時の軍には事態を冷静に見る目があった。アメリカに仲介を依頼するか否かという瀬戸際で、指導者の間で意見が分かれているのを見兼ねて、満洲軍総司令官の大山巌は総参謀長の児玉源太郎を急遽帰国させた。児玉は「そんな場合か」と政府、大本営、元老の間を奔走、五昼夜かけて戦争中止、講和の必要を説いた。「外交にありては事情の許す限り、迅速かつ満足に平和の克復を計るため、今の時機において適当の手段を執り、わが終局の目的を達成することを期す」「政略と軍略とは今後益々密着の度を加うるを以て歩調帰一、堅忍持久、以て有終の結果を期す」と説得、合意を取り付けたのである。

ではロシアはどうか。ロシアでは天と地が逆さになった。専制国家のロマノフ王朝が滅んでソヴィエト政権が誕生した。日露戦争終結から十二年後の一九一七年のことである。ソヴィエトとは「会議」を意味し、政権の母体はロシア革命の起こした労働者会議であった。日露戦争の検証は、王朝自体が滅んだため中途半端に終わったが、検証は次代に受け継がれた。マルクス・レーニン時代とスターリン時代、そして今日とで評価は異なるが一貫しているのは「負けたのはロマノフ王朝でロシア人民ではない」という点だ。

四十年が経った一九四五年八月、ソ連は日ソ中立条約を一方的に破棄して満洲に侵攻、日本軍を蹴散らした時、スターリンは全国民に向かって声明を発した。

「日露戦争の敵はとった」

日本にとっては時効となった借金の証文を突き付けられた思いであったが、ロシアは四十年の長きに渡って、対日戦争の敗北を屈辱と受け取っていたのである。

ソ連の報復の念は旅順奪還を果たした時に最高潮に達した。満洲侵攻の総指揮をとったエル・マリノフスキー元帥は著書『関東軍壊滅す・ソ連極東軍の戦略秘録』の中でこう記した。

「八月二十三日、満洲に侵攻したソ連の先遣部隊が旅順に到着。一九〇五年の旅順明け渡し以来の入城だ。旅順港海軍司令部の日本国旗が降ろされ、ソヴィエト国旗が三回の礼砲のもとに掲揚された。

十時、旗艦を先頭にソ連艦隊が入港。二十一発目の最後の礼砲が終わると、答礼の砲声が響いた。旗艦からの砲声である。港内にソ連国歌が響きわたり、陸海軍兵士の『ウラー！』の声が三度、空高く、塊となって、砲声の下で爆発した」

ロシアの臥薪嘗胆である。

日露戦争は近代になって白色人国家が有色人国家に、キリスト教国家が非キリスト教国家に敗北した、近代史のエポックメーキングな出来事であったとは、よくいわれることだが、ロシアにはそうした意識は稀薄なようだ。ロシア正教の独自性、ロシアが純粋な白人国家でないこともあろうが、そんなことよりも莫大な対価を払って取得した南満洲の権益と、南半分とはいえ固有の領土である樺太の一部を割譲させられたことのほうが、はるかに屈辱であった。

しかし白色人種の有色人種へのいわれなき優越感、キリスト教が他の宗教に勝っているという妄信は今日も地球を覆っていて、新たな争いの火種になっている。愚かしいことだ。日露戦争を総括すればこうなる。直接、矛を交えたのは日本とロシアだが、イギリス、フランス、ドイツ、アメリカ、もとより戦場となった中国を含めた世界の主要国が関わった人類初の地球規模の戦いであった。同時、この後の戦争は、単なる兵力によるものではなく、資本、産業、科学、国民の意識など国家の総力をあげた戦いになることを実証した戦争でもあった。十年後に起きた第一次世界大戦の原型となったという意味で、日露戦争を第0次世界大戦とする所以である。

その影響については、まずロシアが世界の舞台から降りて、それまで世界を牽引してきたイギリス、ドイツ、フランスにアメリカ、日本が加わった。断わるまでもなく第一次、第二次世界大戦の主役国だ。

前口上はこれくらいにしておこう。われわれはロシアにも正義、すなわち大義があったことを認めねばならない。遼東半島問題（三国干渉）も朝鮮への干渉も、ロシアが極東開発の生命線とするシベリア鉄道、東清鉄道、さらに緒についたばかりの満洲開発を邪魔する日本が悪いということなのである。

これがロシアにとっての正義なのである。日本が朝鮮半島、満洲を生命線としたのと同じ理屈だ。中国、朝鮮の人々への配慮に欠けていた点も共通している。

不思議なことに日本は日露戦争を日本側から考察することには熱心でも、相手の立場になって振り返ることは、あまりやってこなかった。書店に並ぶ日露戦争モノの多くは、百年たった今日でさえ「日本、かく戦えり」の域から出ていない。ロシア人がロシア側から書いた訳本を含めて、日本の研究者の著作もあるにはあるが、一般の人の手に届いていない。内容が難しいからではなく興味がないのである。敵対する側から歴史を顧みるという習慣がないからである。同じことが対中戦争、対米戦争についてもいえる。どちらにも苦い思いがあり、さらに苦い過去を思い出したくないのは理解できる。

いまさらではあるが、ロシア側の事情がわかって、初めて日露戦争の本当の姿が見えたことになる。この世の出来事には、すべて複数の当事者がある。複眼的視野が必要なのである。相手への理解不足、偏見が地球を乱している。そこに気付いてこそ歴史から学べたといえるのである。

二〇一〇年　十一月吉日

著　者

ロシアから見た日露戦争——目次

ロシアから見た日露戦争

――大勝したと思った日本　負けたと思わないロシア

第1章　ロシアはなぜ戦争を始めたのか

「血の日曜日」

「ロシアは何のために戦争を始めたか」という題目を掲げたが、戦争に至る過程はワン・フレーズで表現できるほど単純ではない。ロシア革命を主導したウラジーミル・レーニン（一八七〇～一九二四年）は「戦争は社会的諸現象の複合体である」といった。

ロシアには戦争に至らざるをえない、社会的諸現象が輻湊していたということである。

三百年続いたロマノフ王朝による専制体制の綻び、歪みを修復する手段として、ロシアは日本と戦うことを選択した。そのこと以外にロシアには戦う動機が見当たらない。ロシアが極東、主として満洲に獲得した権益が、即日脅かされるほど日本を脅威と思っていたわけでもなく、勝ったところで新たな領土が増えるわけでもなかった。百年以上も前の出来事の相手側の事情を、いまさら詮索して何になるかと考える人もいるだろうが、相手を知ることは、自己保全の最善の策なのである。あの時この時、相手のことを考える余裕があれば、日本は悲惨な体験をしないですんだ。あの時この時とは対中戦争、対米戦争のことで、悲惨な体験とは原爆投下が終止符となった十五年戦争のことである。

ロシアを戦争に追いやった諸事情である。どこから手をつけるべきか、いろいろ考えたが、つまるところ〈血の日曜日〉とした。専制体制の綻び、歪みが具現化した象徴的な事件だからである。

事件は開戦から一年余を経た一九〇五年、明治三十八年一月九日（西暦では一月二十二日。以下の日付は西暦で、ロシア暦より十三日遅い）、ロシアの首都・ペテルブルグ（現サンクトペテルブルグ）で起きた。

この日、ペテルブルグは雪におおわれていた。市内各所の工場から労働者たちが街へ出、互いの家族を誘いあいながら、冬宮（皇帝の御座所）広場に向かった。皇帝にあることを請願するためである。三々五々と集まったその数は十万人を越えた。

しかしこの後、信じられないことが起きた。静かに行進する一団に向かって、冬宮を警備する軍隊が発砲、数千人の死傷者が出る大惨事となったのである。雪は血で染まった。この日が日曜日であったことから〈血の日曜日〉として、今日に伝わった。

通常ならありえないことである。戦場では国民の多くが皇帝のために血を流して戦っているのに、その国民に向かって皇帝の軍隊が発砲することなど。つきつめていえばロシア社会はそこまで病んでいたということなのである。

彼らは皇帝ニコライ二世（以下ニコライ）に反旗を翻したわけではない。棍棒など武器の類を手にしてもいなかった。聖像と皇帝の肖像を掲げ、神なる皇帝の慈悲にすがりに来ただけなのである。

請願書はこんな書き出しで始まっていた。

陛下！

私たち、ペテルブルグ市の労働者および種々の身分に属する住民は、私たちの妻や子、よるべなき年老いた親たちとともにプラウダ（正義）と助けを求めて、陛下の御許へやって参りました。私たちは貧しく、圧迫され、無理な労働に苦しめられ、辱められ、人間として認められず、つらい運命をじっと黙って堪え忍ぶ奴隷のような取り扱いを受けています。私たちは堪え忍んできました。しかし、私たちは、ますます貧乏、無権利状態、無教育のどん底におしやられるばかりで、専制政治と横暴にのどもとをしめつけられ、窒息しそうです。陛下、もう力が尽きました。辛抱できるぎりぎりのところまできました。堪え難い苦しみがこれ以上つづくくらいなら死んだほうがましだという恐ろしいときが、私たちにきてしまいました。(以下略)

抑圧される庶民の心からの叫びである。銃弾を浴びても、彼らは行進を止めなかった。ニコライの慈悲が得られなければ死ぬしかなかったのである。

だが請願は聞き入れられなかった。翌日からペテルブルグの各工場では操業が再開された。状況が変わるどころか、締め付けは一層厳しくなった。絶対君主の前に労働者たちは、再び屈したのである。

この日の出来事をニコライは日記にこう記している。

「ペテルブルグで労働者たちが直訴のために冬宮に入ろうと望んだ結果、深刻な暴動が起こった。軍隊はペテルブルグのさまざまな場所で発砲しなければならず、多くの人が殺され、負傷した。なんと重苦しく、心の痛む出来事であったか。ママが、朝のお祈りのためにペテルブルグからやってきた。全員一緒に昼食をとり、その後ミーシャ（弟帝）と散歩した」（この頃、ニコライは冬宮ではなく郊外のツアルスコエ・セロのアレクサンドリア宮殿にいた）

最初の発砲があったのは、正午を告げる教会の鐘が鳴った直後のことで、ニコライは一体、何を祈ったのか。心が痛むといいながら、食事を摂り散歩を楽しんだ。ニコライは労働者の苦悩と事態の深刻さ、国家の現状をこの程度にしか認識していなかった。ペテルブルグの惨劇は国内外に衝撃を以て伝えられた。モスクワ、ヴォルガ沿岸、バルト海沿岸、ワルシャワなどで数万人単位のデモが発生、軍隊、警官と激しく衝突。他方、海外に亡命していた革命家はこのことに勇気づけられた。国内民衆の胎動は待ち望んでいたことなのである。当時、ジュネーブにいたレーニンは「革命はすでに始まった」と叫んだ。ロシア革命（一九一七年）はこの日この時に始まったといわれる所以だ。

冬宮広場が労働者たちの血で、赤く染まっていた頃の満洲の戦況はどうであったか。満洲は厳寒期にあった。零下三十度の寒気の下、双方とも動きがとれず、全線で戦闘停止の状態にあった。だが両軍とも寒気が緩むのを待って、攻撃に出る時機を密か

海軍省前の武装兵士の弾圧（血の日曜日）

にうかがっていた。日本軍はその日を一月二十二日に決め、全軍に通達していた。奇しくも「血の日曜日」と同じ日である。

その前に満洲の交通事情に触れておかねばならない。この頃の満洲には、今日でいう道路はなかった。荷馬車や人が踏み固めて出来たのが道で、二十一世紀の今日でも地方の幹線以外の生活道路の多くはこの頃と変わっていない。地元の人は「自然の道」と呼んでいる。

雪解けが始まり、川の氷が緩む季節になると、地形的には凹地である道は四方から水が流れこみ、さながら川のごとくなり、もはや道路としての役を果たさなくなる。

通常、厳寒期の満洲では厚い氷の張った河川が道路の役を務める。馬が曳く橇が行き交うのが、どこにでも見られる満洲の冬の景色だ。だが戦争の最中では、格好の標的になりかねないことから、両軍とも塹壕の中で息を潜めながら、戦闘再開のチャンスをうかがうしかなかった。それは人が動けるほどに寒気が緩み、まだ河川に硬い氷が張っている一瞬であった。このわずかな隙に氷上を駆って、先制攻撃を仕掛けるのである。抱く思いは日本軍もロシア軍も同じで、この時、機先を制したのはロシア軍だった。

一月二十五日、ロシア軍右翼は日本軍左翼に奇襲をかけた。黒溝台の戦いだ。機先を制せられた日本は守勢に立ったが、クロパトキンの不可解ともいえる退却命令に救われた。そして迎えた二月二十日、陸戦における天王山と目された奉天大会戦に突入する。

クロパトキンらロシア満洲軍首脳は本国の状態を、どう理解していたか。国内に厭戦気運が高まっているという認識はあった。だが〈血の日曜日〉についての仔細な情報が伝わっていたとは思えない。政府は惨劇の後、ただちに労働問題委員会を召集したが、委員会は何の結論も出さずに解散した。皇帝を巻き込みかねない事件に、皇帝の側近で構成された委員会が結論が出せるはずがなかった。

一般将兵はどうか。完成してまだ日の浅いシベリア鉄道は機関車の機能が劣る上、地盤が安定していなかったことから脱線、崖崩れなどの事故が多発、軍需物資の輸送さえ滞りがちなことから、私的郵便物など不要不急な物はホームに置き去りにされていた。たまたま届いていたにしても、現場の司令部はそれどころではなかった。

外国特派員の取材、通信は著しく制限され、目も耳も半ば塞がれた状態にあった。

部隊間の連絡は有線が用いられたが、日本側の工作員によって各所で切断され、騎馬による伝令、伝書鳩に頼っている状況で、共有できる情報は、きわめて限られていた。

そうした状況にあって、外からの唯一の情報源は本国からの補充部隊によるものだった。一部の職業軍人を除けば労働者、農民などの召集兵で、彼らは戦場の同胞に本国の惨状を包み隠さず話した。「国民の生活は悲惨だ。こんな戦争は一日も早く止めるべきだ」との会話が半ば公然となされた。かくして厭戦気運は、瞬く間に前線兵士の間に広まった。

さらに前線将兵の厭戦ムードに拍車をかけたのは、意図不明の退却命令だった。ロシア軍は開戦前から、最終決戦の場をハルビンと決めていた。早め早めの退却は戦力の消耗を最小限に止めつつ、日本軍をハルビンに誘《ひ》き寄せるための作戦だったが、そのことが軍内部で徹底していなかった。戦争が長引けば日本軍の士気は衰え、兵站線が延びれば武器弾薬らの補給が困難になる。一方、戦場が南満から北満に移れば、ロシア軍にとって兵站線が短くなり、本国からの補強が容易になるなどの利点があり、まこと的を射た戦術といえる。

だがそこには大きな錯誤があった。統制の不備、命令の不徹底だ。不可解なことに満洲ロシア軍には司令部が二つあった。奉天には極東総督アレクセイエフの司令部が、奉天から六十余キロ南の遼陽には満洲軍総司令官クロパトキンの司令部があった。退却作戦に不同意なアレクセイエフは、しばしばクロパトキンと逆の司令を出して現場を混乱させた。官位ではアレクセイエフが上であることから、前線の指揮官は戸惑うばかり。

兵士は兵士でこんな戦争で死にたくないから物陰から出ようとしない。後方から「突撃、撃てッ」と命令する将校たちも掛け声だけなのである。ついには勝手に戦場を離脱する兵が続出するに至ってクロパトキンは、監視隊を編成して「無断で戦場を離れた者は射殺してもよい」と死刑執行人の資格まで与えたのである。

政府を揺さ振りたい革命派は活動拠点を戦場に近いシベリアのトムスク、イルクーツクに移し、檄文を印刷して戦場に配布した。その数は十数万枚に及んだ。それに敵陣撹乱が目的の日本のビラが加わった。日本で印刷され満洲に運ばれた大量のビラが、日本に通じる現地住民の手によって戦場の町々にばらまかれた。兵卒には文盲が多いことから漫画であったり、ロシアが多民族国家であることから使われた言語もロシア語、ウクライナ語、ポーランド語、ブリヤート語等など。

ロシア軍の前線はかくのごとく上は上、下は下でそれぞれバラバラであった。軍が統一に欠けるのは開戦前からわかっていた。司令部が二つあることが、そもそも異常だが、もっと不可解なのは、そんな状態で開戦に踏み切ったニコライの優柔不断、判断力のなさである。

開戦に至った社会的諸現象の筆頭は皇帝の資質にあった。ニコライこそが元凶だった。こんな状況で勝利を望めるはずもなかったにもかかわらず、それでも日本ごときはひと捻りと思った勢力が無能な皇帝の背中を押したのである。

ロシアが日本に勝てなかった最大の原因は、国家と国民が一体となっていなかったことにある。それを象徴する出来事が〈血の日曜日〉であるにもかかわらず、日本では一部の研究者を除いて、この点を直視してこなかった。ロシアはこの時点で、すでに内部崩壊していた。はっきりいえば戦争が続けられる状況になかった。側近の一部は危機感を抱きながらも、皇帝に直言することをためらった。下手をするとそれがもとで疎まれかねず、何がどうであれ日本には勝つだろうし、勝ちさえすれば事態は好転すると、まだ楽観視していたのである。

〈血の日曜日〉は、突発的に起きたのではない。三百年に及ぶ専制体制の淀みと矛盾が、あの日、冬宮広場で噴出したのである。専制体制の指導層が日本との戦争を選択したのは労働者、農民らの不満を外に向けさせるためと、先に述べたが、彼らが思う以上に事態は深刻だった。病巣は体の内部までを侵していた。専制体制はすでに国民を統治する能力も戦争を遂行する力も失っていたのである。

開戦直前、日本との外交交渉が煮詰まってきたある日、開戦派の内務大臣プレヴェが慎重派の陸軍大臣のクロパトキンに向かって、こういった。

「君はロシアの内情をよく知らないからそんなことをいうのだ。今国民の意中に潜在している革命気分を抑圧するには、ちょっとでもいいから戦争に勝って為政者の威信を示す必要があるのだ」

ウイッテの回想録に記載されてあったが、ウイッテは自分の意見としてこう書き添えている。

「実に驚くべき言葉である。これが当代一流の政治家の見識なのである。したがって陛下も、むろん周囲の者の論議が動かされて、日本など多少の努力は要するとしても、結局はたやすく粉砕することが出来、これに要した軍費を賠償させることが出来ると考えていたのだろう」

「ちょっとでもいいから勝って、為政者の威信を示す必要がある」の「ちょっと勝つ」とはどういうことなのか。ロシアが手を振り上げたら、日本はすぐに降参するという時間的な「ちょっと」なのか。

内相は皇帝に最も近い存在。いわばナンバー2の考えがこうなのである。日本を大陸から追い落とし、満洲での権益を確かなものにした後、農民には豊かな土地を与え、産業を起こして都会の失業者を送り込む。一人でも多くのロシア人を移住させることによって、満洲の領土化が現実となる。専制体制の指導者たちは日露戦争の向こうにそんな明るい未来を描いていたのである。

農奴解放

だがロシアの目論みはことごとく外れた。外れたわけは繰り返しになるが、専制体制の劣化である。三百年続いた王朝は、すでに耐久年限に達していたにもかかわらず、政府中枢の誰もがそのことを自覚していなかった。かつて専制体制に奉仕するために存在した労働者、農民が自己主張をし始めたことが、時代の変化を告げていたのにそのことに気付かなかったのである。

では最後の幕が下りるまでの経緯を短く振り返ってみる。

一六一三年に興ったロマノフ王朝は、一九一七年のロシア革命によって滅ぶ。ニコライ二世（第十七代）は最後の皇帝となった。ニコライとその家族は幽閉先のウラルのエカテリンブルグで処刑された。一九一八年七月のことである。

日本の歴史と重ねると、徳川家康が幕府を開いたのが一六〇三年、幕府が滅びて明治政府が誕生したのが一八六八年。徳川幕府から十年遅れて誕生したロマノフ王朝は明治を経て大正六年、一九一七年まで続いたことになる。

三百年も経てば、どんな強固な政権も衰退する。いわば坂道を転がりかけたところに発生したのが日露戦争で、敗れたことが王朝の滅亡を加速させたのである。

ロシアを大国に押し上げたのはピョートル大帝（在位一六八九〜一七二五年）だ。日本の綱吉から吉宗の時代だ。ピョートルは国の内外において戦闘的だった。在位中、戦争が途切れることがなかった。バルト海制圧を狙うロシアとそれを阻もうとするスウェーデンとの戦いは二十一年に及んだ。（北方戦争一七〇〇〜二一年）

ピョートルは軍隊の強化に国家の総力を注いだ。貴族の子弟は全員十六歳で一介の兵士として軍に編入され、事実上、生涯軍籍を離れることが許されなかった。背いた者は全財産没収の厳罰。士気を高めるために下層階級の者でも士官に昇進できるシスティムにした。さらに不足しがちな兵を確保するために農奴に手をつけた。志願すれば農奴も兵士になれ、兵士になれば奴隷の身分から解放されたのである。

専制体制において皇帝は絶対君主、神だ。皇族、貴族、軍人、高僧らは皇帝に絶対服従を誓うことでその地位が保障された。彼らは日常はペテルブルグ、モスクワなどの都会に住み、地方に所有する広大な農園から上がる収益で優雅に暮らしていた。ロシアの国家歳入の四割は農業が占め、農奴は地主だけでなく国家そのものを支えていたのである。農奴には移住、職業選択の自由はなく、土地に付属する地主の世襲財産とみなされ、地主の都合で売買された。

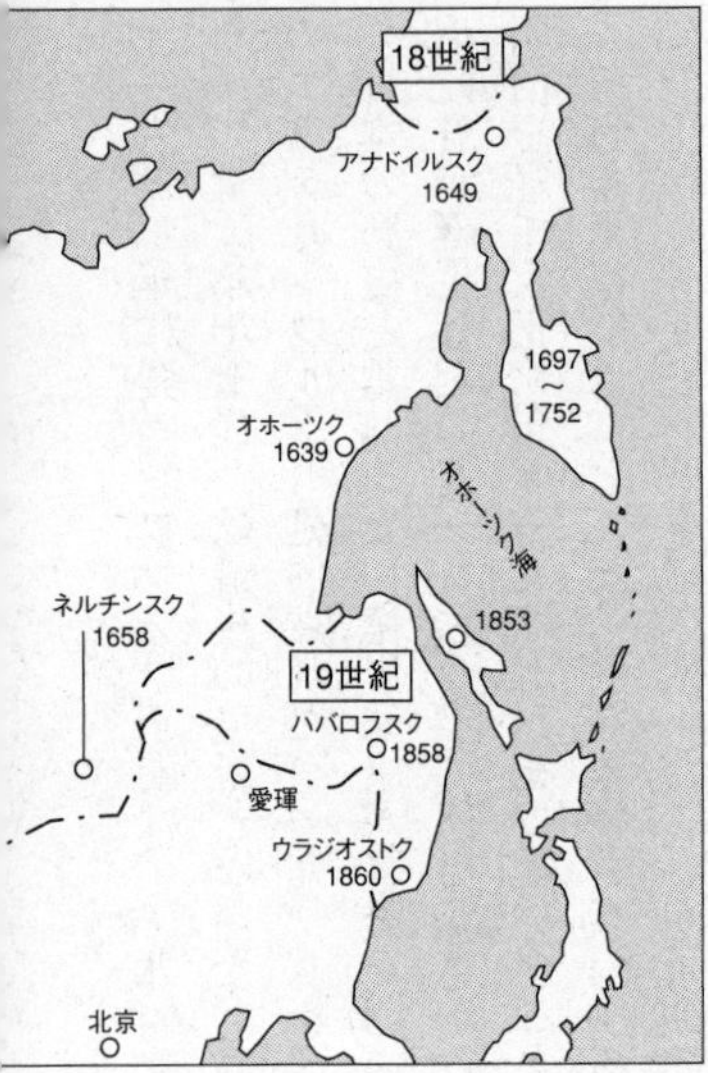

兵士となって、一度、土地を離れた農奴は都会に流れて労働者となったが、字が読めず、農事以外に何の技術もないことから家畜並みに扱われた。〈血の日曜日〉の請願書にあるとおりである。ピョートルが一時的にせよ農奴を解放したのは、為政者の都合、すなわち兵隊の頭数を確保するためだが、結果的に新たな社会不安の種となった。専制体

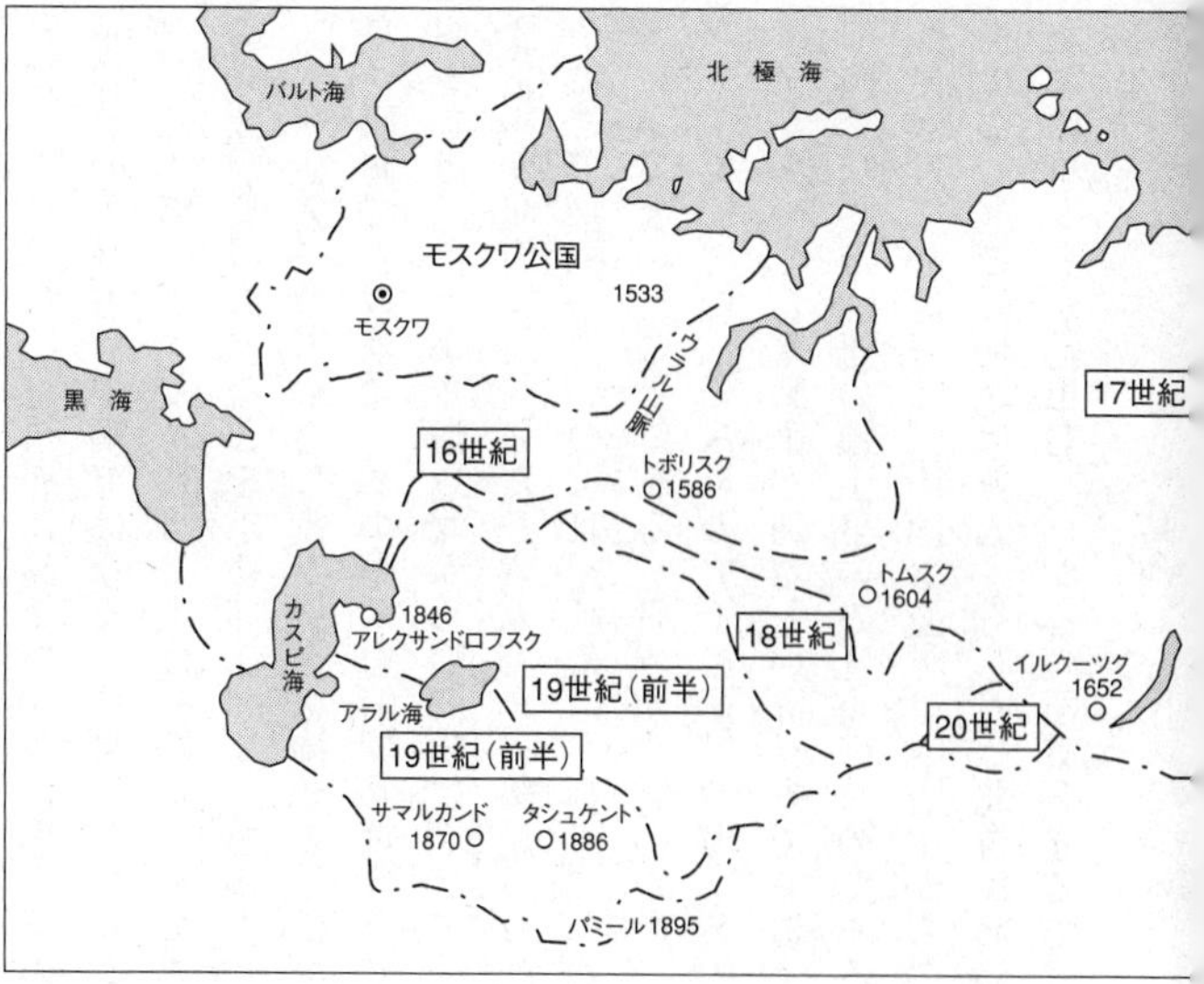

制の基盤である農奴制度に手をつけたことが、王朝滅亡の端緒となったのは皮肉といわざるをえない。

日露戦争と中露の領土を巡る争い

ヨーロッパの国であるロシアがアジアに顔を出したのは、十六世紀の後半と意外と近年なのである。ロシアがウラル山脈を越えて、シベリアに進出したのは一五八二年。この年、日本では本能寺の変があった。一六三九年にはオホーツク海に到着、翌年、アムール河（黒龍江）と遭遇。以降、ロシアのシベリア開発はアムール河を中心に進められた。シベリアが毛皮、ことにヨーロッパの富裕層に高値で売れた黒テンの宝庫であるとわかってから、歴代皇帝の熱の入れ方は半端ではなく、結果としてロシアの版図はアムール河以北、オホーツクにまで広がった。ロシア人は初期において黒テンなどの毛皮、中・後期にはそれに砂金、高麗人参などを求めてシベリアを目指した。

シベリアに進出したことで接点を持つことになった、ロシアと中国は各所で衝突した。西側での戦争にエネルギーを消耗し続けたこともあって、中国との争いに敗れたロシアは、アムール河以北から沿海州にかけての広大な地域を失うことになる。ピョートルが皇帝に就任した一六八九年に締結されたネルチンスク条約がそうだ。

ここで指摘したいのは日露戦争は、長年にわたるロシアと中国の領土争いの延長線上にあるということである。日本から眺めたのでは思いもつかないことだが、ネルチンスク条約、一八五八年のアイグン（愛琿）条約、一八六〇年の北京条約というプロセスがあって日露戦争があるという見方である。ロシアにとって満洲侵略は、中国との間に続いた一連の領土争いの延長戦なのである。アムール河以北からオホーツク沿海にかけての地域は、中国の認識は「古来からのわが領土」であるが、国際法的な根拠はなく、この地域は無人、もしくは北方民族の雑居地であったというのが正しい。そこにロシアが進出し、ロシアの国旗を立てて「わが領土」とした。ネルチンスク条約でロシアが失った領土には、現在のハバロフスク、ウラジオストク、ニコラエフスクナアムールなどが含まれる。アイグン条約、北京条約は中国側からすれば、固有の領土をロシアに奪われたことになるが、ネルチンスク条約で失った領土を回復したというのがロシアの認識なのである。

その頃、日本は四つの島で眠っていたが、日清戦争に勝利して朝鮮半島を「わが版図」としたことでロシア、中国と陸地で接することになった。この時点で日本は意識するしないにかかわらず、極東における中国、ロシアとの領土争いに首を突っ込んだことになる。

話はそれるが、現在、ロシアと北朝鮮は国境を共有している。間に中国領がない。つまり中国は日本海に面する領土を持っていない。北京条約でそうなったのだが、ロシアが日本を意識するようになった一つは朝鮮半島で国境を共有してからのことで、国境線の豆満江（中国名、図們江）は川幅は狭く、水深も浅いことから陸続きも同然、しかもシベリア開発の大動脈であるシベリア鉄道の一方の終端駅であるウラジオストク、満洲を横断する東清鉄道の東端でロシアと接するポグラニチナヤ駅（綏芬河）とは指呼の間。このことにロシアが危惧の念を抱いたのは不思議ではない。中国の扱いには慣れたロシアだが、日本はもう一つわからないところのある不気味な国でもあった。

ロシアで最初に日本との関係をこの点から指摘したのはウイッテ（一八九四～一九一五年）だ。ニコライの父帝アレクサンドル三世に抜擢されシベリア鉄道、東清鉄道の建設を推進し、日露開戦直前まで満洲におけるロシアの諸事業を取り仕切った辣腕政治家のウイッテ（当時蔵相）は、これから収穫が期待される満洲での事業を日本に邪魔されたくなかった。ウイッテにすれば朝鮮半島にまで出張ってきた日本が悪いということなのである。日本を威嚇しそれでもグズグズ言うようなら、「艦隊を派遣して日本の主要な港に砲撃を加えよ」といったのは穏健派と目されているウイッテである。

帝国の隆盛と衰退

北にしか海を持たないロシアは、冬も凍結しない港を求めていた。南下政策はロシアの国是だ。国の発展を考えれば当然のことだが、そのためロシアは先々で、どこかの国と衝突した。ロシアの宿命である。

すでに触れたことだが、まずバルト海への進出を狙ってスウェーデンと衝突（北方戦争）、これを撃破しバルト海への勢力拡大に成功すると、さらに南に転じ、黒海、バルカン半島への進出を図ってトルコと衝突。ロシアの勢力が地中海に及ぶのを好まないイギリスとフランスがトルコを支援して、ロシアの野望の暖かい海への進出は果たせなかった。クリミヤ戦争（一八五四〜五六年）だ。ちなみにペリーが浦賀にやって来たのは一八五三年だ。

かくしてヨーロッパでの南下を諦めざるを得なくなったロシアは極東へと方向転換し中国、さらに日本と衝突することになった。

レーニンは「この戦争はどういう階級的性格をおびているか、この戦争は何が原因で起こったか、それを遂行しているのはどの階級か、どのような歴史上、経済史上の諸条件がそれを引き起こしたか、という根本問題を忘れてはならない」といった。

ロシアを戦争に駆り立てる要因は二つ、領土と富源への野心、強欲だ。「国境は一メートルでも遠いほうがいい」「一度、立てたロシア国旗は降ろしてはならない」ことを伝統的矜持とするお国柄のロシアでは、皇帝への忠誠心は領土を拡張し、富源をもたらせることで測られた。

東清鉄道は満洲をTの字に走っている。初期のうたい文句はシベリア鉄道のバイパスであったが、よく見ると満洲の穀倉地帯を東西南北に貫いている。そこにロシアの本音を見ることができるが、満洲の富源、主として大豆などの穀物を徴収するのが目

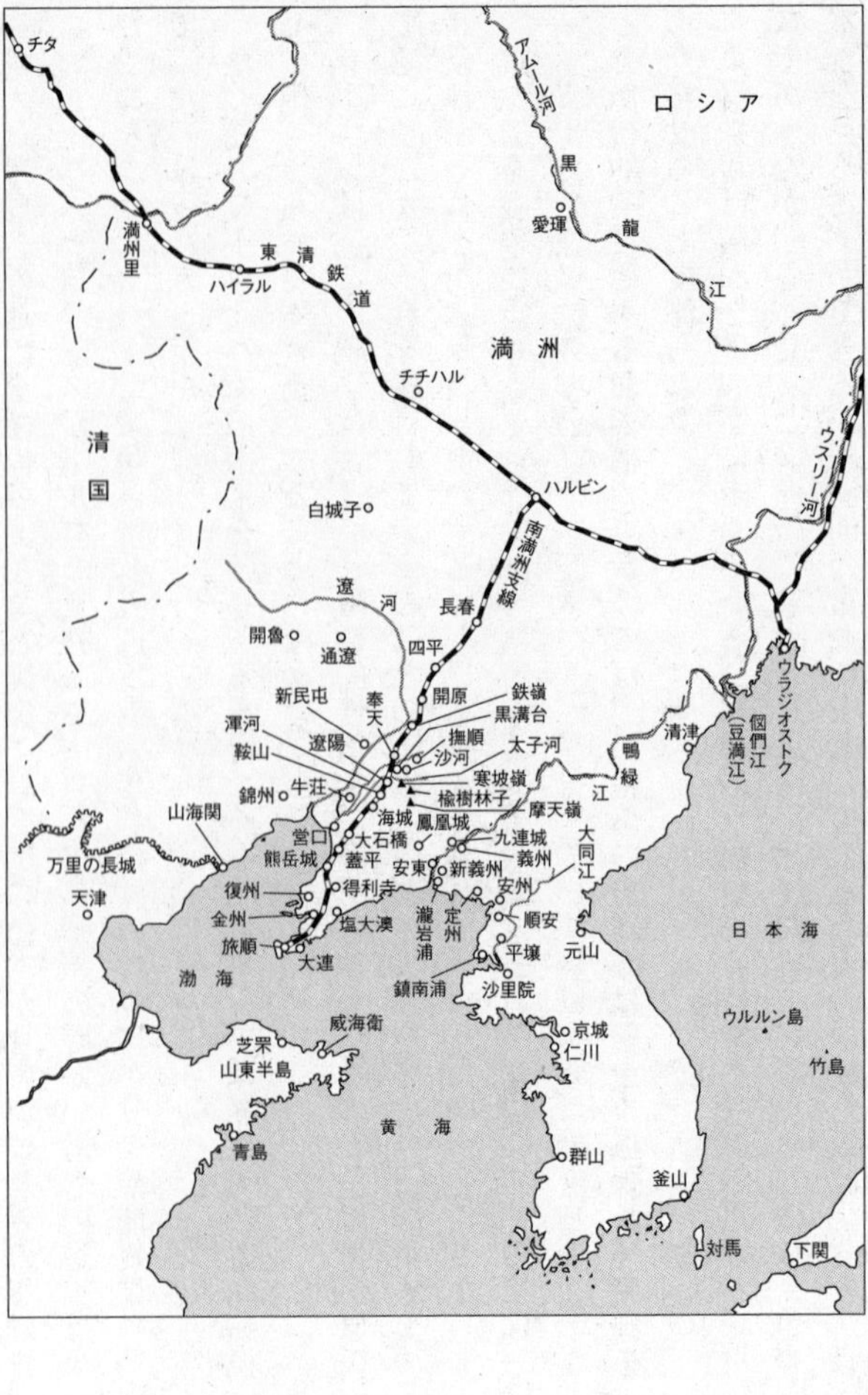
チタ
アムール河
ロシア
黒龍江
愛琿
満州里
東清鉄道
ハイラル
満洲
チチハル
ウスリー河
清国
ハルビン
白城子
南満洲支線
遼河
長春
開魯
通遼
四平
新民屯
奉天
開原
鉄嶺
黒溝台
渾河
遼陽
撫順
鞍山
沙河
太子河
清津
鴨緑江
佪們江
（豆満江）
ウラジオストク
寒坡嶺
錦州
牛荘
楡樹林子
摩天嶺
山海関
海城
鳳凰城
営口
大石橋
九連城
大同江
熊岳城
蓋平
義州
万里の長城
安東
新義州
復州
得利寺
安州
天津
金州
塩大澳
瀧岩浦
定州
順安
日本海
旅順
大連
平壌
元山
渤海
鎮南浦
沙里院
威海衛
ウルルン島
芝罘
京城
山東半島
仁川
竹島
黄海
青島
群山
釜山
対馬
下関

的で、満洲里を通じて本国にもたらせる以外に、大連、ウラジオストクから海外に持ち出される物資はロシアに貴重な外貨をもたらせるはずであった。

このことで潤うのは皇帝を頂点とする支配層で、犠牲となるのが大衆だ。今日の社会構成からは思いもつかないことだが、当時のロシアには中産階層という存在はなかった。権力を振るう側と権力に怯える側の人間しかいなかったのである。

歴史は「ピョートル大帝はロシアの肉体を造り、エカテリーナ二世（在位一七六二〜九六年）はその肉体に精神を吹き込んだ」と教える。しかしそれは一側面であって、戦場で自ら刀を振るった猛将・ピョートルは拷問、処刑、死体解剖が趣味で、ついにはわが子までを拷問で死にいたらしめた。エカテリーナはポーランドを地図から抹消し、十二人の愛人を侍《はべ》らせたことから淫蕩女のレッテルがはられた。

歴代の皇帝は病的なほど戦争が好きだった。ロシアが国威を高めたのはピョートルの時代の十七世紀から二十世紀にかけてだが、戦争の度に犠牲を強いられる国民は悲鳴を上げていた。

アレクサンドル一世（在位一八〇一〜二五年）はナポレオン軍を撃退したことで勇名を馳せたが、ナポレオン軍を追撃してヨーロッパに遠征した軍隊が自由人権思想を持ち帰ったことが、専制体制の土台を揺るがす結果となったのは皮肉だ。

その影響は後継のニコライ一世（在位一八二五～五五年）にも及んだ。即位したその年に専制体制に不満を抱く一部青年将校が反乱（十二月党の乱）を起こした。さらにこの時期、ヨーロッパを席巻していたマルクス、エンゲルスらの革命的思想がロシアにも波及、ことに知識層に体制への批判が高まったことが支配体制にとって脅威となった。ニコライ一世はフィンランド、オーストリア、イギリスと図って革命思想根絶に乗り出した。ヨーロッパの人は半ば畏怖の念を抱きながら、ロシアを〈ヨーロッパの憲兵〉と呼んだ。褒め言葉でないのは断わるまでもない。

産業革命による技術革新、それに伴う資本主義の発達によって、ヨーロッパ先進国は新たな時代に入ったが、出遅れたロシアは相変わらず武力によってしか国威を示すことしかできなかった。

後継のアレクサンドル二世（在位一八五五～八一年）は、さまざまな内政改革に着手した。専制体制の基盤である農奴制度にも手を加え、一部農奴に土地を与えた。さらに地方自治制度の創設、司法改革、徴兵制度の近代化など、積極的に国家改造に取り組んだが、社会構造の改革は一代では果たせず、結果は革新勢力を助長させるに止まり、アレクサンドル二世は革命派によって暗殺されるのである。

後継のアレクサンドル三世（在位一八八一～九四年）は父が暗殺された反動から、

一転して専制体制の強化に努めた。時代を逆行させたのである。農民共同体に対する管理の強化、警察権の強化、大学自治の削減、ユダヤ教徒への弾圧、ポーランド、ウクライナ、バルト地方のロシア化を強行。

対外的にはドイツとの関係が悪化したことからフランスと接近。シベリア、満洲開発にフランス資本を導入したことが、ロシアの資本主義化を加速させ、専制体制を揺るがせる結果となった。

モスクワ大公国からロシア帝国に国名を改めたのはイヴァン四世の一五四七年からだが、アジアを意識し始めてからも、顔は常にヨーロッパを向いていた。その意味ではロシアはヨーロッパの国でありながら、ヨーロッパでは異質な国として見られていた。地理的にも言語、民族の面からもヨーロッパの国々はロシアとは一線を画してきた。とはいえアジアの国でもない。ヨーロッパとアジアに跨がる地域性、複雑な民族構成から、ロシアはアジアからも仲間扱いされなかった。アジアにおける北でのロシアの行動は、南からの侵入者イギリス、フランスと同じ白色人種による黄色人種への侵略とみなされた。日露戦争はその延長線上にあるといえるのである。

不吉な門出

ニコライの人生の節目は、奇妙なほど日本の近代化の歴史と重なる。生年が一八六八年、明治維新の年である。即位した一八九四年に日清戦争が始まった。日本の土を踏んだ最初で最後のロシア皇太子、皇帝でもある。東方旅行の折、一八九一年、最後に立ち寄った日本で日本人の警官に斬り付けられる災難に遭う。大津事件だ。このことが根にあって、ニコライは日本が嫌いになったとされているが、戦争をする相手国が好きなはずはないが、特別な悪感情は持っていなかった。日本人を「猿」と呼んだとされており、司馬遼太郎の『坂の上の雲』にもそんな描写があるが、現存する公式文書に「猿」の文字は認められないという。

ニコライの戴冠式は歴代皇帝に倣ってモスクワのクレムリンで五月二十七日に行なわれた。戴冠式が終わった午後、モスクワ郊外のハドインカ広場で皇帝、皇后出席のもと、国民から祝賀を受けることになっていた。記念の品が下賜されることもあって、早朝から近郷の住民数十万人（一説には六十万人）が広場に集まった。

そこで悲劇が起きた。ご下賜品分配の時刻が迫って興奮した市民が重なるように倒れ、数千人の死者が出た。広場といっても整地されていない、ただの野っ原で、警備も十分ではなかった。ニコライはこのことを知りながら、被害者への弔いの言葉もかけず、次の予定のフランス大使館での舞踏会に臨んだことを知った国民はひどく落胆

京都旅館における皇太子ニコライ(中央)、西郷従道、山形有朋、板垣退助が列席した

した。

事後、警察と宮内省との間で責任のなすりあいが始まった。祝賀会を企画したのはモスクワ総督のセルゲイ・アレクサンドロヴィチ大公。先帝アレクサンドル（ニコライの父）の弟、ニコライの皇后アレクサンドラの妹の夫であることから、責任追求はあいまいなまま、警視総監の罷免で幕とした。ニコライは即位早々から、国民に深い失望を与えたのだった。

レーニンの出現

レーニンがペテルブルグに現われたのは一八九三年、ニコライ即位の前年のことである。レーニン個人の問題ではなく、その後のロシアの運命を左右する出来事であった。一八八七年のアレクサンドル三世の暗殺（未遂）事件に関わったとして、兄が処刑されたことがきっかけとなってレーニンは革命家への道を歩む。レーニン自身も一八九五年、二十七歳の折、シベリアに流刑（刑期三年）。その後は海外に拠点を置くなどして革命運動を主導、後にソヴィエト連邦建国の父と讃えられる。

ペテルブルグに現われたレーニンは労働階級解放闘争同盟を結成。ロシアの工業が急速に発達したのはこの頃からで、それに伴って労働者の数が急増、一八九九年のストライキは二十数万人が参加する大規模なものになった。

一八九六年、ペテルブルグの繊維工業で働く労働者が闘争同盟の指導で労働時間の短縮を求めて大規模ストライキを展開。それまでロシアには労働時間の制限がなかったが、二年にまたがるストライキの結果、労働者側は「一日十一時間以内」とする権利を勝ち取る。ロシアの歴史上、画期的な出来事であった。

ペテルブルグでの闘争同盟の活動に刺激されてモスクワ、キエフその他の都市でも労働者が結集、一八九八年には各地の労働者団体の代表がミンスクに会合してロシア社会民主労働党を結成。当時、レーニンはシベリアに流刑中であったが、密かに同志と連絡をとっていた。その後、国外に亡命したレーニンは一九〇〇年に新聞「イスラク（火花）」を創刊、「火花起こして焔を起こさん」ためである。

十九世紀末、ヨーロッパの工業は不景気に見舞われ、ロシアにも不況の波が押し寄せた。一九〇〇年から〇三年にかけて大小三千の工場が閉鎖となり、多くの労働者が職を失った。その結果として、労働運動は次第に政治色を強め、〈専制体制打倒〉をスローガンとするようになった。

一九〇一年五月一日、ペテルブルグのオブホフ工場で大規模ストが発生、鎮圧に当たった軍隊と衝突、労働者は石や鉄片を投げて対抗、八百名が逮捕される〈オブホフの防衛戦〉として、全国の労働者の蜂起を促すことになった。

一九〇二年、ロシア南部の都市ロストフでロシア社会民主労働党の指導の下で大規模なストライキが起きた。地元警察、コサック隊だけでは対応出来ず、近隣の都市からの援軍を得て辛うじて鎮圧したが、連鎖して南コーカサスのバツーム、ヴォルガ地方で農民による暴動が発生した。

ウラジーミル・レーニン

同年四月、内務大臣シピアギンが革命派の民間人によって暗殺された。後任のプレヴェは前任者以上の反動主義者で、革命勢力への弾圧を強めた。

一九〇三年、ロシア社会民主労働党がレーニンの下で統一され、いわゆるボリシェヴィキーが誕生する。ボリシェヴィキーは多数派という意味で、ソ連共産党の前身に当たる。

そしていよいよ一九〇四年、日露戦争を迎える。開戦派の先頭に立ったプレヴェは、もはや革命勢力を力で抑えつけるのは不可能と判断し、戦争を起こすことによって革命のエネルギーを雲散させることを企んだのである。

しかし開戦から半年も経たない七月十五日、プレヴェは社会革命党員によって暗殺。農民を圧迫、ユダヤ人を弾圧し、コーカサス地方のロシア化を強引に推し進めていたプレヴェは、革命派の憎しみを一身に集めていた。そして抑えつけようとすればするほど国民の心は国家から離れた。専制国家では国家の意志を決定するのは、ただ一人皇帝だけである。内閣制度のないロシアでは各部署は大臣はいても総理大臣はいない。しかし皇帝に声を伝え得る立場の人間はいた。皇帝のお気にいりの大臣がその役を務めることもあったが、通常は内務大臣だ。内務大臣は皇帝の意志を各大臣に伝えると同時に許されたならば皇帝に進言できる立場にあった。いわばナンバー2が相次いで暗殺される国家が正常に機能し得るはずがない。日露戦争はそんな時代に起きたのである。

プレヴェが倒れた七月、満洲では得利寺の戦いで勝利した日本軍が勢いを得て、熊岳城、蓋平、大石橋、営口へと破竹の進撃を続ける一方で、乃木希典率いる第三軍が旅順の外郭陣地への攻撃を開始した。

アレクセイエフは陸の孤島と化した旅順に、陸から援軍を送るようクロパトキンに命じたが、クロパトキンはこれを無視して、遼東半島から兵を引き上げたことによって旅順は孤立無援の状態に陥った。

プレヴェの後任にはミルスキーが就任した。貴族のミルスキーは穏当な思想の持主だったが、政治家としての修羅場の経験はなく、就任早々、抜き差しならない難題に直面。国民の間に憲法を求める声が高まった。

九月、ニコライも出席して、そのための会議が開かれた。国民の要望に応じるか、反動路線を継続するかで議論が分かれたが、ニコライは国民の代表を加えた立法機関の設立を認めた。だが十二月に発表された『国家秩序改善の大綱』には国民の代表を加えた立法機関設立の項目が削除された。

「私は決して代議政治には同意しない。私が神から預かっている人民のためにそれは有害と認めるからである」と専制体制の維持を改めて宣言。専制国家では皇帝は神と同格。ニコライは専制国家の君主として当たり前のことを言ったにすぎないが、もはやその論理は通用しなくなっていた。

専制体制打倒から敗戦主義へ

ロシア暦では一九〇四年十二月十九日、西暦一九〇五年一月二日に旅順が陥落。ロシアの衝撃は大きかった。先のニコライの裏切りと重なって、ロシア国内の混迷と亀裂は深刻の度合いを増した。専制体制派と革命派、戦争継続派と反対派という図式だが、国内世論は圧倒的に後者であった。

それに追い打ちをかけたのが〈血の日曜日〉。ミルスキーは退陣、ブルイギンが後任の内務大臣に就任したが、事件の後始末は、新たにペテルブルグの総督に就任したトレポフが当たった。

二月十七日、モスクワ総督のセルゲイ・アレクサンドロヴィチ大公が暗殺された。ニコライの叔父であり義兄でもあり、文字通りニコライ一門の重鎮であった、大公の死はニコライと専制体制側にとって大きな打撃となった。

だがニコライは強気だった。革命勢力に対して、一切の妥協を排除し強い姿勢で臨んだ。これに対してボリシェヴィキーも戦術を大きく転換、〈専制体制打倒〉から〈敗戦主義〉へ、すなわち戦争反対から戦争遂行を妨害し、自国を敗戦に導くことによって革命を成就させる戦法に切り替えたのである。

かくしてニコライは国外と国内に二つの敵を持つことになった。同年、ロシア最大の官営兵器工場であるペテルブルグのプチロフ工場がストに突入。続いてロシア最大の繊維工業地帯のイワノヴォ・ヴォスネンスクが二ヵ月半に及ぶストを敢行。

そもそも日本を甘く見て、さほどの準備もなく戦争に突入したロシアにとって、一つの大きな生産基地の機能停止は致命傷となった。加えて農民の離反によって食料が欠乏、軍事輸送を優先する余り、国内の生活必需物資の輸送が滞ったことから、国民の不満は沸点に達しようとしていた。

縷々申し述べてきたように、ロシアが対日戦争に踏み切ったのは、はなはだ国内的な理由によるもので、日本を一撃のもとに撃退することができなかったのも、国内がかくも乱れていてはかなわぬことであった。これでは戦争に勝てる道理がない。

第2章　皇帝ニコライ二世とその臣下たち

〈弱さ〉は皇帝としての最大の弱点

専制国家では皇帝の意志が、国家の意志。そこで問われるのがニコライの皇帝としての資質。「人の意見をよく聞くが、自分の意見もよく変えた」というのが、史上定着したニコライの人間像だ。要するに人の意見に左右されやすいということで、皇帝としては最もあってはならないことなのである。専制国家の皇帝は善くも悪くも〈絶対〉の存在でなければならないのである。

ニコライが皇位を継承したのは二十六歳。この年齢なら教わらなくても、生前の父帝の姿からあるべき皇帝像を学んでいなければならないが、ニコライはどうであったか。

大蔵大臣ウイッテ

ニコライの治世の大半、大蔵大臣として、時に皇帝の意思を左右するほど、大きな権限を行使したウイッテは『回想記』でこう述べている。

「若い皇帝は、彼ら年長者に対して親族的尊敬を払っていた。それはまた新帝の弱い性格と気質によるものである。この状態こそ、数多くの忌まわしい現象の一原因である。もっと端的に言えば、ニコライ二世の治世における禍《わざわい》でさえある。ことにニコライ二世の治世の初期はそうであった。当時、彼自身はまだ完成された人格として顕れていなかったのである」

慎重に言葉を選んでいるが、何が問題であったかを的確に指摘している。「弱い性格と気質」が〈禍〉を招いたというのである。ニコライ治世の初期における〈禍〉とは皇位を継承して十年目に発生した日露戦争にほかならず、まだ皇帝として完成されていない未熟さが戦争と敗北を招いたといっているのである。

ウイッテが『回想記』の執筆にあたったのは、すでに政権の中枢から外れた一九〇七年から一二年にかけてのことで、皇帝、あるいは政府からの検閲、もしくは没収されるのを警戒して原稿は外国の銀行に保管し、死後の管理は夫人に依託。はたして一九一五年にウイッテが死ぬと、自宅と別荘が皇帝と政府筋によって徹底した家宅捜索を受け、あらゆる書類が押収されたが、問題の原稿を手にすることはできなかった。『回想記』は一九二三年にベルリンでロシア語版が世に出、次いでロシア国内で翻刻版が刊行された。日本語版の発行は一九三〇年、監修大竹博吉、発行所ロシア問題研究所によるベルリン版による抄訳で、表題は『ウイッテ伯回想記・日露戦争と露西亜革命』上中下三巻。

ニコライの〈弱さ〉は父帝アレクサンドル三世の〈強さ〉の裏返しでもあった。アレクサンドル三世は唯我独尊、警察組織を強化し徹底した強権政治を行なった。容貌魁偉、身体剛健、怪力の持ち主で、一八八八年、ボルキでお召し列車が転覆し一家が車内に閉じ込められたとき、自力で家族全員を救出したというエピソードがある。無類のウオッカ好きで医者嫌い。医師から禁酒令が出ていたにもかかわらず、長靴の中に酒筒を隠し持って密かに飲み続けた。アルコールの摂取過多がもとで、肝臓を患い四十九歳の若さで死んだ。

皇太后マリア・フョードロヴナ

子供への躾けも厳しかった。ニコライはそんな〈強い〉父を敬う一方で畏れた。子供の頃、周囲に「皇帝なんかにならない」と漏らしていた。皇帝に父のような〈強さ〉が求められるのなら、自分にはその資格はないと思っていたのかもしれない。

性格は穏和、家族思い、新しがり屋で芸術や学問を好み、当時、流行の最先端であった映画、自転車を愛好した。こうした資質は国内外に幾つもの難題を抱えていた、この時期のロシアの皇帝にとってはあってはならないものといえた。

皇位を継いだ当初、ニコライが最も頼りにし、影響を受けたのは皇太后マリアであったが、長期的にはウラジミル、アレクセイ、セルゲイの父帝の三人の弟たちだ。ウィッテが指摘する「彼ら年長者」とはこの三人のことで、アレクサンドル三世が存命中は影が薄かったが、死去すると大公として、若い皇帝に何かと物申すことが多くなったことが局面を複雑にした。ちなみにウラジミル（一九〇九年没）は近衛司令官、アレクセイ（一九〇八年没）は海軍総司令官、セルゲイ（一九〇五年没）はモスクワ総督として、それぞれ重要なポストにあった。

ニコライは母マリアを限りなく慕った。同時に皇后アレクサンドラ（通称アリックス）を熱愛した。ドイツに生まれたアリックスは、母が飛ぶ鳥を落とす勢いの英国女王ヴィクトリアの娘であったことから、母が死去した六歳の時、祖母の女王に引き取られロンドンのバッキンガム宮殿で育った。ロシア語よりも英語、ドイツ語が得意なプロテスタント（結婚後、ロシア正教に改宗）であったことから、アレクサンドル三世も皇后も二人の結婚に反対。姑と嫁の溝は最後まで埋まらなかった。二人の対立は宮廷内にマリア派、アリックス派を生んだこともニコライにマイナスに作用した。

なかなかロシア社会に溶け込めないアリックスに、後継者となる男児誕生を期待する周囲の声が重くのしかかった。結婚十一年目に授かった男児アレクセイは、生まれながらに血友病という不治の病にとりつかれていた。心身ともに落ち込んだアリックスに取り入ったのがゴーリ・エフィーモヴィチ・ラスプーチンで、怪しげな妖術を使って宮廷内に隠然とした力を持つに至ったのは、つとに知られているが、主として一九一五年以降のことなので、ここでは触れない。

皇后アレクサンドラ・フョードロヴナ

ウイッテの功罪

ウイッテは日露戦争はニコライの弱い性格がもたらした〈禍〉としたが、開戦時には政権の中枢から外れていたとはいえ、ウイッテは戦争に反対したのでなく、「今はその時期ではない」との立場を取ったにすぎず、事は

皇帝ニコライ二世と皇太子アレクセイ

満洲問題で起きただけに、ウイッテは責任を問われる立場なのである。
　ウイッテは一八四九年、地方政府高官の父とロシア貴族の母との間に、コーカサスのチフリスで生まれた。父方の祖先はオランダからの移民。オデッサ大学法科を最優秀の成績で卒業したウイッテはオデッサ鉄道に就職。切符切りからスタートして助役、運輸部長を経て、大蔵省の一局であった鉄道局の局長にのぼりつめた頃、アレクサンドル三世の目にとまり、八八年に交通通信大臣に抜擢され、九二年に大蔵大臣に就任。一九〇三年、ニコライに罷免されるまで十年余その職にあった。
　就任当時、ロシアの歳入は九億六千五百万ルーブルしかなかったのを、十年後には十九億四千五百万ルーブルにまで押し上げるなどの功績からウイッテに並ぶ者がいなかった。

経歴からわかるようにウイッテは生まれついてのエリートではない。貴族の出だが、所詮は田舎貴族、オデッサ大学はウクライナの地方大学だ。当時のロシアでは中央官庁のトップは全寮生カレッジで、貴族と高級官僚の子息専用の教育機関であるアレキサンドル法律学校、もしくはペテルブルグ、モスクワ大学のエリート校の卒業生が占めるのが通常で、その点でも異例の出世であった。

ニコライが皇位に就いた頃、内務大臣のドゥルノヴォから「新帝をどう思いますか」と聞かれたウイッテは「まったく無経験な人ということは知っているが愚かな人ではない。教養のある青年だと思います。その教養があらゆる欠点を隠してしまうでしょう」と答えた。対するドゥルノヴォの答えは「いやそれは間違いですよ。今にごらんなさい、あの人は現代のパヴェル・ペトウィチ皇帝になりますよ」

パヴェル（在位一七九六〜一八〇一年）はロマノフ王朝史に残る愚帝とされた人物。ウイッテはニコライの教養人にありがちな〈弱さ〉を見抜き、ドゥルノヴォはその〈弱さ〉が王国を破滅に導く危険性をこの時点で予言していた。内務大臣と大蔵大臣の国家の屋台骨を担う二人の重臣が、新帝と王国の将来を危ぶんだのである。

ウイッテはおよそ優雅とは無縁な人物であった。夜会を嫌い、宴会での意味のないおしゃべりを軽蔑した。その反面、預言者にも似た、鋭い洞察力があったことから、人生を享楽することを生きがいとする宮廷族から敬遠されていた。

ニコライも本心ではウイッテを好んではいなかったようである。〈絶対〉のはずの自分に対して、謙虚さの中にも先帝の影をちらつかせながら直言するウイッテは疎《うと》ましい存在であったことは想像がつく。

だがウイッテはそうした周囲の気配を、さほど深刻に受けとめていなかった。自分のやることが皇帝と国家のためであるという揺るぎない信念のもとに超然としていた。またそうしたウイッテの姿が頼りがいのある男と映ったことも否定できず、ウイッテと時に対立し、時に手を組んだクロパトキンは日記に「この強引できわめて有能な男」「我々全員と君の同僚を合わせても、君には及ばないと告げた。これは私の本心だ」と記している。

ウイッテが政敵も認めざるをえない存在であったのは確かである。だが権勢の頂点にある者が、誰でもそうであるように、ウイッテにも落日は刻一刻と忍び寄ってきていた。

即位してほどなく、ニコライは三頭の牝牛の夢を見た。一頭は痩せ一頭は太り、もう一頭は愚か。宮廷にこの夢の謎を解く者がいなかったことから、ニコライはある高名な神父に訊ねたところ、神父は「痩せた牝牛は国民です。太った牝牛は大蔵大臣です」と、答えた後、口ごもった。「恐がることはない。愚かな牝牛は誰か」と促されて、神父は「愚かな牝牛は皇帝ご自身です」と答えた。

いい得て妙ではあるが、こんなことがいえた人物がいたとは思えない。おそらく後世の作文であろう。

ウイッテは吝嗇家であった。彼が満洲経営に熱心なのが、己れの蓄財と結びついていることは、誰もが気付いていながら口に出せなかった。「太った牝牛」がますます太ってゆくのを、指をくわえて眺めていることに我慢ができなくなった者たちが結束した。反ウイッテ派の誕生である。日露戦争はウイッテ派と反ウイッテ派との確執が戦いの扉を開いたともいえるのである。

即位後、ニコライはしばらくは父帝の政策を踏襲するしか選択肢はなかった。それはウイッテ路線の踏襲にほかならない。経験も知識もないニコライに極東問題（シベリア鉄道と満洲進出）は手に負えず、舵取りはウイッテに任せるしかなかった。もともと大蔵省が強い発言力があったのに加えて、ウイッテが積極的に優秀な人材を取り込んだことから、大蔵省は国家開発省とも言える巨大組織に成長していた。

ウイッテが目指したのは国家改造、農業国家から産業国家への転換であった。国家の経済が農業で支えられている状況では先進産業国の経済的植民地になりかねないことから、ウイッテは貨幣制度と国立銀行の改革に着手、金本位制度を採用した。外国資本を導入して産業を活性化するためである。

当時のヨーロッパ先進国の多くは金本位制を採用しており、正貨の基盤を金にするか銀にするかは大きな問題だった。ところが金銀併用制を採用していたフランスから横槍が入った。ロシアが金本位制になることによって、所有する約三十億フランの銀の価格が低落することを懸念したのである。またロシアが金融面でフランスとの結びつきが強かったことから、銀を多量に保有していたロシアの富裕層が、これに呼応してウイッテ攻撃に回った。余談だがロシアのルーブル金貨は満洲事変当時まで、満洲で一等の価値を持ち続けた。

ウイッテは孤立した。だがニコライはウイッテを支持した。一八九七年一月、ニコライは自ら財政委員会を招集してウイッテの改革案を承認。ウイッテはニコライから寄せられた新たな信頼をテコに以後の満洲開発を強力に推し進めた。同年三月、東清鉄道会社設立、翌年三月、遼東半島を租借、ロシアの満洲支配の構造ができあがった。

遼東半島問題は触れると長くなるので、要点のみにとどめるが、当初、ウイッテの立場は租借反対だった。日清戦争で中国が失った遼東半島を、三国干渉によって取り戻してやったという過去に加えて、一八九六年に締結された露清秘密同盟によって、ロシアは中国領土の保全を約束していた。しかし遼東半島を租借（実質は領有）することは、明らかに中国への背信で、その結果、中国がロシアを敵対視することになれば、長い目で見たらロシアの損失になると計算したのである。

しかし長年の宿願であった暖かく一年を通して凍らない港が目の前に転がっているのに、それを手にしないという誘惑には勝てなかった。そこにドイツが膠州湾領有を強行するという、新たな事態が発生した。このことに便乗することによって、ロシアへの非難は軽減される可能性が生じた。

租借に積極的だったのは外務大臣ムラヴィヨフと陸軍大臣ワンノフスキーらで、最終的には「イギリスが遼東半島を狙っている」という不確かな情報が決め手となってニコライは租借を決意。「遼東半島を領有することに決めた」とニコライから告げられると、ウイッテはあっさり持論を引っ込め、一転して積極的に領有工作に乗り出した。かねてから意を通じていた李鴻章に五十万ルーブル、彼の側近に二十五万ルーブルを渡し、なかなか「うん」といわない西太后ら宮廷内の反対派の切り崩し工作を行ない、一年越しに解決に導いた。一八九八年三月、遼東半島租借（二十五年）が成立、七月には追加条約としてハルビンから旅順に至る東清鉄道南部線（後の満鉄本線）の敷設が確定した。

確かにウイッテは切れる人物だ。右顧左眄することで生き長らえてきた貴族たちが歯が立つ相手ではない。だがウイッテが輝けば輝くほど、敵が増えたのも事実で、栄誉とも利得とも見放された者たちは、いつまでも黙っていなかった。ウイッテ夫人は「私の夫ほど種々雑多な相矛盾する、執拗な攻撃の対象となった人物はいない」と『回想記』の序文で述べている。

ウイッテ攻撃の中心となったのはベゾブラゾフが中心の、いわゆる宮廷派で、侮れない勢力になっていたにもかかわらず、ウイッテはこれを甘く見ていたことが命取りとなった。自信が過信を招いたといえよう。

一九〇三年八月、ウイッテは突然、ニコライから大蔵大臣解任を告げられ、大臣委員会議長という閑職に追いやられる。

ウイッテにとって青天の霹靂である。ニコライの心変わりの背景には宮廷派を中心とするウイッテ攻撃の大合唱があったのはいうまでもないが、神の声にはウイッテとて従わざるをえない。だがウイッテが承服していなかったのも事実で、それが『回想記』を書かせた動機になった。『回想記』の根底にあるのは、この時代のロシアの栄光を支えたのは自分だという揺るぎない信念であった。

ウイッテを巡る怨嗟の声は一つや二つではない。ウオッカを専売制（一八九六年六月）にしたことで、金持ちから庶民までを敵に回した。ロシア人のウオッカ好きは底がない。ウイッテが国民の健康をおもんぱかったのは事実だが、本音は税金。今日のタバコ税に似てなくもないが、その影響はタバコ税の比ではない。ある時期、国内からウオッカが消えた。どこに消えたかというと満洲。つまり税金逃れに、一時満洲に移し、後に還流。もとより行きも帰りも密輸だ。ハルビンの駅頭にはウオッカの山が出来、ウオッカのビンを横に並べると東清鉄道を満洲里からハルビンを経て綏芬河まで届いて、まだ余ったというウソのような話が伝わっている。

　露清銀行とウイッテの関わりについては、一八九六年の設立当初からとかくの噂があった。ウイッテと中国を結び付けたのは、日清戦争の日本への賠償金の支払いに苦慮していた中国とフランスの橋渡しをしたことに始まる。日清戦争の敗北で国威が失墜した中国は自力では外債が成立しないことから、フランス金融界を起債に応じるよう口説いたのがウイッテで、ついでに「満洲での儲け話に一口乗りませんか」と誘ったところフランスが乗ってきた。露清銀行の最大の出資者はフランス、次いでロシア、中国だが、経営の実態を掌握していたのはウイッテだ。

清国直隷総督李鴻章

そもそも東清鉄道はウイッテの手のひらから生まれたようなもので、最後の詰めはウイッテと李鴻章の間で行なわれた。鉄道のオーナーがロシアという国家では、国際社会の批判を招くのは必至なことから、露清銀行の傘下として形だけにせよ株式会社とした。

そんな経緯から当初から露清銀行の財務内容は、さながらブラックボックスのごとくであった。一説によればニコライと李鴻章には、それぞれ個人名義の秘密口座があって、李鴻章の口座からはかなりの金額が引き出され残金がなくなると、いつどこからともなく補充されていたという。これらはすべてウイッテの指示によるものとされている。

潮目を変えたベゾブラゾフ

ウイッテには対抗馬がいなかった。各省に大臣はいたが、内閣制度でないことから首相のポストはなく、通常は内務大臣が皇帝への上奏役を務めたが、この時期の内務大臣シピアギンがウイッテの理解者であったことが、ウイッテに幸いした。

一九〇二年四月、シピアギンが暗殺された。シピアギン死の数日後、ウイッテは後任の内相にプレヴェが就任したことを知る。ウイッテとプレヴェが反りが合わないことはニコライも承知していた。野心家のプレヴェはこれまで二度、内務大臣のポストを狙ったが、果たせなかったのはウイッテが反対したからだと思い怨んでいた。シピアギンは生前、ウイッテにプレヴェについてこう語っていた。

「彼が大臣になったら、おそらく自分の目的のためばかりに働くだろう。きっとロシアに大きな不幸をもたらせるに決まっている」

プレヴェの内相就任によって、近く自分の身に何かの変化が起きることを、ウイッテは予感せざるを得なかった。

プレヴェの就任によって宮廷内の勢力分野に変化が現われた。貴族と地主とで構成される黒百人組が勢いをつけた。反ユダヤを標榜する極右テロ集団である黒百人組と、革命勢力を根絶やしにするには、革命運動とつながりのあるユダヤ人排除が不可欠とするプレヴェとの連帯が成立したのである。プレヴェは配下の警察に黒百人組によるユダヤ人虐待を黙認するよう指示した。その結果、黒百人組のユダヤ人迫害は、さらなる広がりを見せ、一九一四年の時点でロシア国内から国外に脱出したユダヤ人は二百数十万人に上った。ちなみにウイッテの死を見取った夫人はユダヤ人だった。

内務大臣プレヴェ

プレヴェの念頭にウイッテがあったことはいうまでもない。

そんな折である、A・M・ベゾブラゾフの存在が宮廷内で顕著になったのは。陸軍（歩兵大尉）を退役したベゾブラゾフが宮廷に出入りするようになったのは、父が宮廷の総務長官だった関係だが、持ち前の雄弁と社交上手で、たちまち頭角を現わした。軍隊時代の上官で元宮内大臣のダシコフ伯爵の紹介で、アレクサンドル・ミハイロヴィチ大公の知遇を得たことが出世への足掛かりとなった。大公はニコライの祖父アレクサンドル二世の弟ミハイル・ニコラエヴィチ大公の息子で、ニコライとは幼友達。一八九一年、ニコライが皇太子時代に来日した時も随行し共に長崎の遊廓で遊んだ仲だ。

大公の仲立ちでニコライに拝謁の機会を得たベゾブラゾフは得意の弁舌で皇帝をも虜にした。ニコライはベゾブラゾフを侍従に任命した。宮廷活動に妻が必要なことから、ベゾブラゾフはスイスのジュネーブで療養中の妻を呼び寄せたが、夫の思いもしない出世を見た妻は「私にはさっぱりわからないわ。どうしてまあ、こんな大仕事がサーシャ（ベゾブラゾフの愛称）に出来たのでしょう。あの半狂乱のような人間が、みなさんにはわからないのかしら」と驚きを隠さなかったという。

ニコライはベゾブラゾフを特使として、極東に派遣した。一年後、ベゾブラゾフはとんでもない土産を持ち帰った。それが後に日露紛争の種となり日露戦争を引き起こすのである。

「朝鮮には私有地がなく、すべて皇帝の所有で天然資源もそうです。つまり皇帝の意思次第ではどんなことも起こり得る、朝鮮とはそういう国なのです。外国に先んじて権益が確保できる今がチャンスです。手始めに鴨緑江の森林資源確保のための調査隊を派遣すべきです」との報告が大公同席のもとニコライになされた。

一九〇三年五月六日、ニコライは新たな極東政策を発表した。それは多分にベゾブラゾフの報告に影響されたものだった。

極東政策の核は鴨緑江の森林資源の開発だった。ウラジオストクの商人ユ・イ・ブリンナーは同地域での開発権を一八九六年に二十年の期限付きで取得していた。鴨緑江から豆満江（図們江）にまたがる広大な地域で、開発権には木材の伐採の他に道路、通信、建物の敷設、汽船の運航などが含まれていたが、ブリンナーは開発のための資金集めの目処が立たないことから、新たな出資者を求めていた。ブリンナーは映画『王様と私』で日本でもよく知られているハリウッド俳優ユル・ブリンナーの祖父とされているが確かではない。この話を聞きつけたベゾブラゾフは、さっそくシベリア歩兵隊の退役組で編成した踏査隊を率いて現地に乗り込んで、その資源の豊かさを確認してからペテルブルグに引き返した。資源は木材だけでなく、砂金、不老長寿の特効薬として中国、朝鮮で人気絶大の高麗人参などが手付かずのままの状態であるというのである。まさに宝の山だ。

ニコライは新極東政策を遂行するために極東特別総督府を開設した。遼東半島からプリアムーリエ（アムール河全流域）に至る広大な地域を管轄、しかもどの省にも属さない皇帝直属の独立機関なのである。八月二十七日、ニコライは極東総督にアレクセイエフ大公を任命。そして一日間を置いた二十九日、ウイッテに解任が告げられたのである。

アレクサンドル・ミハイロヴィチ大公

この時を境にロシアの極東政策は大きく方向転換をした。満洲経営が軌道に乗るまでは、日本との摩擦は避けるべきだとするウイッテ派が後退し、満洲での既得権益に朝鮮の権益を上乗せして、何かと目障りな日本は力づくで排除すべきというベゾブラゾフ派が前面に出てきたのである。

かくて日本との衝突は必至となった。ウイッテの『回想記』にはこの日のことを「何れにしても極東総督府の設置は、対極東政策で、私が敗者になったことを示すものであった。またその結果、日本との開戦は遂に避けられないものとなったことを予報するものであった」と記した。

開戦へ

ウイッテとて手をこまねいていたわけではない。ベゾブラゾフ一派の企みが、いかに危険なものであるかをニコライに直言したが、もはやニコライに聞く耳はなかった。ベゾブラゾフが強い発言力を持つに至った背景の一つにはプレヴェの存在があった。プレヴェはウイッテを失脚させるために最大限ベゾブラゾフを利用した。ベゾブラゾフはウイッテを〈鼻の穴〉、陸軍大臣クロパトキンを〈雷鳥〉、外務大臣のラムズドルフを〈おたまじゃくし〉とのあだ名で呼び、プレヴェの政敵三人の失脚に協力した。ウイッテが去った今、残る邪魔者は〈雷鳥〉と〈おたまじゃくし〉だけとなった。

「ロシアは断じて朝鮮から手を引くべきではない。遼東半島領有後、日本との過度な摩擦を避けるために、止むなく譲歩した以上、国家として約束を反古にすることはできないが、民間による経済活動まで閉ざされたわけではない。われわれも太った牝牛になろうじゃないか」

ベゾブラゾフはそういって有力者に賛同を呼び掛けた。アレクセイエフ大公を初めダシコフ伯爵、A・M・アバサ提督、黒百人組の創立者ヴォンリャルスキー、有力地主のロジャンコら有力者を次々と味方に引き込んだ。かくしてベゾブラゾフ派は宮廷内における最大勢力となった。ウイッテに頭を押さえられてきた、すべての勢力が結束したのだ。

事態はベゾブラゾフが望む方向に動き始めた。経済調査という名目で鴨緑江流域に調査団が派遣されることになった。ニコライは露清銀行の秘密口座から二百万ルーブルを引き出しベゾブラゾフに与えた。ベゾブラゾフはこの金を気前よくばらまいて現地での地歩を固めた。帰国後、ベゾブラゾフは極東担当の国務大臣に昇進。一九〇三年五月、ニコライは閣僚会議の席上、鴨緑江森林資源開発を目的とする極東ロシア木材会社の設立を発表。管理計画の作成にプレヴェ、ベゾブラゾフ、アバサらがあたり、ニコライ、アレクセイエフらが個人の資格で出資した。皇帝と極東総督が出資する会社を日本をはじめ、国際社会は民間の企業とは認めなかった。つまり朝鮮進出は国家の意志と判断されたのである。

外務大臣ラムズドルフ

時はさかのぼるが一九〇〇年、外相ムラヴィヨフの突然の死によってラムズドルフが後任の外相に任命された。この年、義和団の乱（北清事変）が勃発。〈扶清滅洋〉

をスローガンに中国民衆が立ち上がった。〈扶清滅洋〉とは清朝を支え外国を追い払えとの意味の、いわばナショナリズムの発露である。火の手が上がったのは山東省のドイツ支配地域。火の粉はたちまち天津、北京に拡大、中国に権益を持つ諸外国と清朝との対立となった。イギリス、ドイツ、フランスが自国権益を護るために軍隊を派遣することを決めた中で、ロシアはどうするかということになった。ニコライから意見を求められたウイッテは「われわれはこの事件に干渉する必要はありません。ロシアは満洲を除いた中国の何処とも直接利害関係はないのです。この事件は利害関係のある列国に任せておけばよいのです」と答えたが、満洲に軍隊を送り込む絶好のチャンスと捉える勢力に押されてニコライは派遣を決行。この時、クロパトキンは派遣派の筆頭で、ラムズドルフはウイッテに同調。ちなみに日本は当初は傍観の立場をとっていたが、イギリスからの強い要請もあって、最終的には一万余の大軍を派遣した。一説によれば日本軍の派遣費用はイギリスが負担したとされている。

中国の惨敗で事変が収まった後、ロシアは鉄道保護を名目に数万の軍隊を満洲に留めた。駐屯はほぼ満洲全域に及んだ。中国はもとより日本、イギリスら国際社会から強い非難を浴びると、ロシアは中国との間に撤兵条約を取り交わしたが、実行するつもりはなく、実際も撤兵しなかった。

強行派の腹はそれを既成事実として済《な》し崩し的に満洲を領土化することにあったにもかかわらず、ニコライは慎重派のウイッテと強行派のベゾブラゾフ派との間で揺れていた。

一九〇三年、ニコライはクロパトキンを満洲の現状確認のために派遣した。ところが四月、クロパトキンは突如、日本に現われた。それが予定の行動であったのか、ニコライの内命であったのかどうかはわからない。クロパトキンは国賓待遇として迎え入れられ、日本滞在のひと月の間に天皇を除く、多数の要人と会談。その結果、日本の軍事力が想像していた以上であることがわかった、クロパトキンは開戦派から一転して慎重派に転向した。

帰途、旅順に立ち寄ったクロパトキンは極東総督のアレクセイエフ、太平洋艦隊司令官O・スタルク中将、わざわざそのためにペテルブルグから出向いてきたベゾブラゾフを交えて、開戦の是非を討議した。会議の後、アレクセイエフは「本職は誓ってベゾブラゾフを抑制します。なぜなら本職は心から対日平和協調を望むからであります」との声明を発した。会議の結論に満足したクロパトキンは『回顧録』に「予は日本との破裂を避け得らるべしと確信しつつ、帰還せり」と記した。

ペテルブルグに戻ったクロパトキンはニコライに鴨緑江から撤退するように進言。

アレクセイエフは鴨緑江プロジェクトに関する軍事的、経済的活動は一切停止するとの声明を出したが、極東問題に関する特別顧問で無任所大臣の肩書きをニコライから与えられたベゾブラゾフが巻き返しに出た。かくして極東問題に発言権を持つクロパトキン、アレクセイエフ、ベゾブラゾフの三人がそれぞれの立場で勝手なことを主張するという収拾のつかない状態に至ったのである。

一九〇三年の夏から暮れにかけて行なわれた、数度の交渉によって日露問題は大詰めを迎えていた。

以下は十月三日、駐日ロシア公使ローゼンが日本政府に示したロシア側の協定案である。案文を作成したのはアレクセイエフとされている。

第一条　両国は朝鮮帝国の独立と領土不可侵を尊重する。

第二条　ロシア側は日本の朝鮮における優先的利益及び第一条の規定に違反することなく、帝国の行政を改善するために、日本が朝鮮に忠告と援助を与える権利を認める。

第三条　ロシア側は朝鮮における日本の商工業企業を妨げないことを約束する。

第四条　同上の目的で、ロシアの合意のもとに、現実の必要を越えない数量だけ、朝鮮に派遣する日本の権利を認め、日本側もその使命を遂行し終わり次第、この軍隊を引き上げることを約束する。

第五条　両国は朝鮮領の一部たりとも軍略上の目的に使用せず、朝鮮海峡における自由航行を妨げるようないかなる軍事作業も、朝鮮沿岸で行なわないと約束する。

第六条　両国は三十九線以北の朝鮮領を中立地帯とみなし、締約国のいずれも、同地域に軍隊を引き入れるべきでないと約束する。

第七条　日本は満洲とその地域はすべての点において、日本の利益圏外にあると認める。

第八条　本協定は朝鮮に関する日露両国の従前の一切の協定にとって代わるものとする。

ロシアとしては大いに日本に譲歩したつもりだが、日本はそうは受け取らなかった。満洲はもとより、朝鮮の北半分はロシアのものとした上に、半島周辺の海域での軍事行動はまかりならぬというのでは、到底、受け入れられないとして、明けた一月十三日、日本は当該項目を削除するよう強くロシアに求めた。

この時点でロシアは鴨緑江左岸の朝鮮・龍岩浦に鴨緑江森林資源開発の基地として

木材製材所を設け、現実に稼働していた。私服のロシア兵士が警護にあたり、極東総督付き参謀のマトリフト中佐が現地馬賊を統率して広い地域を、実質、支配していたのである。

しかしロシアは日本が第六条にこだわるのは、逆に満洲に野心があるからだと警戒を強めた。

一月二十八日、ニコライはアレクセイエフに「鴨緑江及び豆満江流域の分水嶺をなす山にいたるまで、日本の朝鮮領有を許してもよい」との指示を与えたが「日本は満洲とその沿岸を自国の権益外に立つものと認めるよう約束する」とした。表現は異なるが満洲とその沿岸への日本の介入を許さない方針に変わりはなかった。

二月四日、ラムズドルフは駐露日本公使栗野慎一郎に、日本の提案に対するロシア側の回答はアレクセイエフを通じてロシア公使ローゼンに届くことになっていると伝えた。

しかし四日、ロシア側の回答は日本に届かなかった。ロシアとの交渉に見切りをつけた日本は御前会議において日露交渉の中止、国交断絶、軍事行動の開始を決定。五日、外務大臣小村寿太郎は御前会議の決定をローゼンに伝えた。最終通告である。六日、栗野はラムズドルフに日本からの公文を手渡した。ラムズドルフが栗野に約束したロシア側の回答案が外務省に届いたのは七日。なぜか長崎の電信局で一日留め置かれていた。しかし約束の四日に届いていたとしても、事態に変わりはなかった。八日午後、仁川沖の海域で日露の軍艦が衝突、両国は戦争状態に突入した。

第3章　ロシアと列強諸国の思惑

ウイルヘルムの謀略

一八九七年七月、ドイツ皇帝ウイルヘルム二世（以下ウイルヘルム）はロシアを訪問。二週間の滞在中、ウイルヘルムはニコライと二人だけになった、わずかな機会（馬車の中）に「ドイツ艦隊の根拠地として中国の膠州湾（山東省）を取得したいのだが、これはロシアの同意がなければできないことなのでね」とさり気なく話しかけ、傍らのニコライの反応を見た。ニコライの本心は反対なのだが、生来の気の弱さから曖昧な態度しか示さなかったことから、ウイルヘルムはニコライは了解したと判断。

そして四ヵ月後の十一月、ドイツ艦隊による膠州湾占領は現実となった。山東省でドイツ人宣教師二人が殺害されたのを口実に、ドイツ軍は膠州湾を占領、青島にまで進駐した。ドイツの侵攻を食い止める術のない中国は膠州湾の租借（九十九年間）を認めたことを皮切りに、列強による、すさまじいばかりの中国への領土侵食が始まったのである。ドイツに続いて、ロシアが遼東半島を租借すると、遅れてはならじとフランスが広州湾を占領し、福建、雲南、広西不割譲条約を、イギリスが九竜半島、威海衛の租借を要求。弱体化した中国はこれらの要求をことごとく呑まざるをえなかった。この時代の租借は実質的な割譲である。中国は太平洋に面した要所を、次々と列強に剝ぎ取られたのである。

ウイルヘルムの強引な戦略が、ロシアにとって渡りに船であったのは述べたとおりだが、どうあれロシアは遼東半島を手に入れた。ロシアの遼東半島の領有をきっかけに日露の摩擦が激化したことから、日露戦争はあの馬車の中でのウイルヘルムの囁きが引き金になったといえる。

ニコライとウイルヘルムは従兄弟だが、ニコライは九つ年上のウイルヘルムが苦手であった。ウイルヘルムがすでに成熟した政治家であったのに対して、政治家としてのニコライはあまりにも幼かった。

ウイルヘルムは一八八八年、二十九歳で皇帝の座に就くと、父ウイルヘルム一世の治世に皇帝の右腕として辣腕を振るった宰相ビスマルクを退け、国政を自らの手に取り戻した。ビスマルクは鉄血宰相の異名のある保守・反動の政治家であったが、ウイルヘルムはビスマルクを上回る野望で世界政策を推進。その結果がドイツの孤立を招き、いわゆる〈ドイツ包囲網〉が形成され、第一次世界大戦を引き起こすことになる。

ウイッテはドイツについて『回想記』でこう記している。

「私が大学を出て以来、交通省の一鉄道局長として西部に在任した時も、また大蔵大臣の要職にあった時も、さらにその後現在の大臣会議の議長の職についてからも、たえず耳にしたのは、近い将来にはドイツとの開戦を見るであろうという噂であった。最近二十年のあいだ鉄道省も大蔵省も、陸軍当局も、常に西部における開戦を目標として準備してきた。日本といよいよ開戦となるまで、われわれはこの戦争の起きることを信じないでいた。いつも挑発的な行動を敢えてしながら、何も準備もしなかった。陸軍当局の不断の努力はドイツとの戦争のみに集中していたのである」

ドイツ皇帝ウイルヘルム二世

ドイツの存在が、どれほどロシアを脅かしていたかである。ウイッテが大蔵大臣を罷免された一九〇三年八月直前まで、日本との戦争を想定していなかったと、政権の中枢にいたウイッテが告白しているのである。

その一方でロシアはドイツ・オーストリア連合との開戦に備えて、アレクサンドル・ミハイロヴィチをドイツ方面軍総司令官に、クロパトキンをオーストリア方面総司令官に内定するなど用意万端怠りなかった。

ナポレオン戦争（一七九九～一八一五年）以降、ヨーロッパは一時、小康を保っていた。一つの王国、王朝が突出するのを周辺国家が許さない情況があった。

そうした中で独り際立つ存在がドイツだった。一八七〇～七一年の普仏戦争でフランスを破ったドイツは、ヨーロッパ最強の陸軍と二番目の海軍、随一の経済力を有する大国となり、その国威はイギリスを脅かす勢いにあった。

ウイルヘルムの野望は、さらなる国勢の拡大であった。ドイツは海上ではイギリスと覇権を争い、陸上ではトルコ、ロシアを脅かした。その結果、バルカン地方はヨーロッパで最も政情不安定な地域となった。同地が〈ヨーロッパの火薬庫〉といわれる所以である。ユーゴスラビア（ボスニア・ヘルツェゴビナ）のサラエボに端を発した第一次世界大戦（一九一四～一八年）の主役はウイルヘルムであった。

東ヨーロッパの平和はドイツの軍事的脅威に対抗するために一八九一年に結ばれたロシアとフランスとの同盟によって保たれていたといえる。同盟は帝政ロシアが崩壊するまでロシアのヨーロッパにおける外交の基盤となった。ドイツにしてもロシアとフランスを同時に敵に回すのは不利なことから、この三国は時に接近、時に離反するという微妙な関係にあった。

ウイルヘルムがどんな人物であったかは、次の言葉が物語っている。ドイツが義和団の乱の鎮圧に中国に軍隊を派遣する際のウイルヘルムの〈送る言葉〉である。

「ドイツは千年たっても、中国人だれ一人として、ドイツ人を見下ろすわけにはいかないように、中国で振舞わなければならない」

義和団の蜂起とそれを後押しした清朝政府に最も過激に反応したのはドイツだった。他家の座敷にまで上がり込んで勝手気ままに振る舞ったのは欧米列国だ。それを撃退したい中国の行動を反逆と決めつけ、手心なき制裁を加えるよう指示した。黄禍論で知られるウイルヘルムの本音なのである。事実、北京を攻撃した八ヵ国連合軍の中で、最も残虐に振舞ったのがドイツ軍だった。

ウイルヘルムはアジア人を下等に見ていた。黄禍論は白色人種を脅かすまでに力をつけてきた黄色人種、とりわけ日本人に向けられたものだが、その日本の脅威を逆手にとってロシアを焚きつける材料にもした。

一九〇三年九月、ドイツでバカンスをとっていたニコライにウイルヘルムが囁いた。「日本は猛烈に開戦の準備をしている」「中国軍将校を訓練しているのは日本軍将校で、彼らは共同でロシア軍に当たるつもりだ」「日本と中国との間には武器供与の密約ができている」等々。根も葉もないことではなかったが、ほとんど風評に近いもので、ウイルヘルムは何としてでも、ロシアと日本を戦わせたかったのである。

黙って聞いていたニコライの答えはこうだった。

「日本との戦争はありえない。なぜならば僕が戦争を望まないからだ」

この言葉からウイルヘルムはニコライが極東に通り一片の情報しか持っていないと判断した。ニコライが直近の日本の情勢に疎かったのは事実だが、ウイルヘルムの魂胆が読めないニコライでもなかった。

アメリカの野望

しかしニコライがウイルヘルムの策動に全く動じなかったかといえばウソで、日本に遼東半島の返還を求めた、いわゆる三国干渉は、最後はニコライの意志とはいえウイルヘルムに影響された部分が少なくない。

では日本はどうなのか。ロシア側から見れば日本を開戦に踏み切らせたのはイギリスとアメリカだ。両国の狙いは市場としての満洲で、このままではロシアに独占されかねないことに懸念を抱いていた。といって自力でロシアと立ち向かうにはリスクが大きすぎることから、日本を焚き付けたというところだ。

日本、ロシアがどちらが勝つにせよ、相当に国力を消耗するのは間違いなく、満洲の市場に割って入るのは可能だと計算した。だがイギリスもアメリカも北満までは欲張っていなかった。北満はロシアに譲っても、奉天以南の南満洲をイギリスとアメリカが分け合い、日本には朝鮮を与えるというのが、両国の戦後構想であった。

日本も両国の思惑は取り込みずみであったが、これまで日本を敵視し、あるいは無視し続けてきたロシアに一撃加えたいという国家、国民の義憤は抑えがたいものがあった。しかし資本主義が発達すると戦争は領土より市場獲得戦の色合いが濃くなる。当時の日本にイギリス、アメリカと市場で競える産業力、資本力はあり得るはずもなかったが、繊維以外にこれといった産業もなく、資源にも乏しい日本の未来は工業立国以外にあり得なかった。朝鮮、満洲から原材料を輸入、それを加工して大陸に輸出するのである。〈日本の生命線〉は、もっぱら軍事面をのみが強調されるが、産業の面からも朝鮮・満洲は〈日本の生命線〉だったのである。実際に戦ってロシアを奉天以北に追いやってみると未来像が手の届くものになった。これだけの犠牲を払って獲得したご馳走を他国と分け合うことはないと思うようになったのも当然のことで、日本は戦後、イギリス、アメリカ、中国ら国際社会からの撤兵勧告を無視して居座りを決め込もうとしたが、一九〇七年四月、全面撤退の止むなきに至ったが、朝鮮半島と南満洲に橋頭堡を築くことができた。

話を戻すと、日本ではルーズベルトによる仲裁を時の氏神のように受け取られているが、ロシアの受け取り方は違った。どちらにも勝たせたくなかったから、白黒がつく前に軍配を上げただけのことで、ルーズベルトが日本に賠償金を諦めさせたのは、言外に日本は勝っていないことを示唆したことにほかならないとしている。

日本にもそれがわかっている人物がいた。ポーツマスでの交渉が難航し、日本国内が講和反対、戦争継続の声が渦巻く中で、西園寺公望（一八四九〜一九四〇年、当時、政友会総裁）は政友会の集まりで「日本は勝ったつもりでいるが、世界はそうは見ていない」と発言した。

重ねて言うが、アメリカは満洲という市場が欲しかったのである。ドイツ、ロシアと共に遅れてきた帝国主義的資本主義国家のアメリカはアジアの市場開発でイギリス、フランスに立ち後れていた。アメリカは一八九八年のスペインとの戦争でカリブ海のキューバ、プエルトリコを勢力下におさめ、太平洋のグアム、フィリピンを領有するなど、急速に版図を拡大しつつあった。中国大陸が手の届く所まで来てみると、中国が一層、魅力的に見えてきたのである。

一八九九年、アメリカはイギリス、フランス、ロシア、イタリア、日本の各国政府に通牒を送った。趣意は各国が中国に所有する権益圏ないし租借地における権利をお互いに尊重しようというもので、別の表現をすれば「おいしいものは、みんなで平等に分け合おう」ということで、アメリカが正義の御旗のごとく振りかざしてきた「機会均等」「門戸開放」はそういうことだった。

中国に対するアメリカの輸出額は一八九五年に比べて、一九〇二年には四倍に増加、一九〇〇年の中国に対する工業投資額は一千七百五十万ドルに達し、とりわけ満洲に集中していた。一九〇一年の満洲に対するアメリカの輸出額はイギリスの五百テール、日本の二百テールを上回る八百テールの、堂々の一位。アメリカはさらなる飛躍を目指して、日本を後押ししたのである。

しかしアメリカはスペイン戦争に約三億ドルを費やし、七千人の死傷者を出した。その上、フィリピンの独立運動を弾圧するために六億ドルもの出費が重なったことから、戦力でも経済の面でも太平洋をまたいでロシア（あるいは日本）と戦う余力はなかった。

ルーズベルトは日露開戦直後、ドイツ、フランスに「万が一、ロシア、ドイツ、フランスが三国干渉のような行動をとるなら、アメリカは日本に対して可能な限りの支援措置を取る用意がある」と警告すると同時に、国務長官ヘイを通じて「イギリス、フランス、ドイツは交戦国（日本、ロシア）が中国政府の立場と中立とを尊重するよう要求すべきである」と提案。直接、手が出せない部分を外交で補うことに努めた。

かくして中国の中立は一部限定にせよ担保されたのだが、実はこの問題でも先手を打ったのはウイルヘルムだった。ウイルヘルムはルーズベルト声明の直前に「北中国と満洲を除外した中国の中立と朝鮮を中立地帯とする」案を関係各国に提示していた。ウイルヘルムの狙いはロシアの戦略を側面から援助すると同時に、日本が朝鮮半島を軍事に使用することを妨げることにあった。日露戦争の主戦場となる満洲に日本が軍隊、武器弾薬などを送り込むのに、朝鮮半島を経由せねばならないことを見越して先手を打ったのである。

だがルーズベルトの提案には「満洲と中国北部を含む全中国の中立」とあるだけで朝鮮の文字がなかった。ルーズベルトはウイルヘルムの腹を見透していたのである。イギリスとアメリカの間には朝鮮は日本に与えるという黙約が出来ていた。ウイルヘルムは「アメリカはロシアから満洲を奪おうとしながら、どうして日本から朝鮮を奪おうとしないのか」と反論したが、ルーズベルトはこれを無視。

しかし前記のように現実はルーズベルトの思惑どおりに事は運ばなかった。南満洲を手にした日本は、戦争終結後も軍隊を駐留させ、軍政を敷いて実質的な占領を続けた。当てが外れたアメリカはイギリスと共に門戸開放、機会均等の約束を実行しない日本に強く抗議すると、一九〇六年、日本は軍隊を撤退させ軍政を解いたが、一九〇七年、〈昨日の敵〉のロシアと組んで、満洲における立場を守った。おおまかにいえば長春以北はロシア、以南は日本のテリトリーとしたのである。これは中国に対する裏切りでもあった。しかし日本は一九〇七年の第一次日露協約に続いて、一九一〇年には第二次日露協約を締結、お互いの諸権益を再度、確認した。このことがアメリカを反日へと追いやり、中国をアメリカ、イギリス側に押しやる結果となった。極東における日本の孤立化の始まりである。

アメリカ大統領ルーズベルト

話は逸れるが、当時の国際ルールはイギリス、フランス、オーストリア、ドイツ、ロシアのヨーロッパの五大国の都合で決められた。それ以外の国、たとえば日本などは埒外。ただスペイン戦争に勝って、五大国が一目置かざるをえなくなったアメリカは新興国として別格待遇だった。第一次世界大戦によって、この5+1のバランスが崩れた。敗戦国となったオーストリア、ドイツと革命で政権が転覆したロシアが脱落。代わってアメリカ、イタリア、日本が昇格して新たな五大国を形成した。一九一九年のパリ平和会議で決まった世界の体制である。

イギリスの思惑

他方、イギリスはボーア戦争で国力を著しく消耗していた。ボーア戦争は一八九九年から一九〇二年にかけて、南アフリカで発生した戦争で、オランダ系白人のボーア人が開発したダイヤモンド鉱山、金鉱をイギリスが横取りをはかったものだが、ボーア人の激しい抵抗にあったイギリスはインドなどの植民地軍三万余の兵を繰り出し、二万数千の死傷者と二億二千万ポンドの戦費を投じて、辛くも勝利を得たばかりで、さすがのイギリスも一息つかざるを得なかった。

イギリスが日本との同盟を画策したのにはそんな背景があった。イギリスはロシアの南下を食い止めるために日本と組んだ。日本もイギリスのバックアップがあれば、何かと心強いことから、一九〇二年、日英同盟が成立した。だが周知のとおりイギリスと手を結ぶことに、日本の指導者たちの意見は分かれた。イギリスと組む前に、今一度、ロシアとの協調を試みるべきだとする伊藤博文、井上馨ら、いわゆる親露派と、桂太郎首相、小村寿太郎外相ら同盟推進派。

「親露論はロシアに敵対することは、到底不可能だという考えに基づくもので、維新以来の日本の苦しい経験を考えれば無理もないことだが、しかしこれは一時的の平和論であって、ロシアは満洲を取れば朝鮮にも手を出し、いずれ日本と衝突せざるをえない。さもなければロシアのいうがままに屈伏するしかない。その点、イギリスは全世界に領土を持っていて、日本まで取りに来る心配はないから、イギリスと組んだほうが得策」というのが桂首相ら同盟推進派の主張で、全体の流れは同盟推進派にあった。

日英同盟が成立する前年の一九〇一年十一月、戦争を回避したい伊藤はロシアを訪問した。いわば平和の使者でもある伊藤だが、ペテルブルグの空気は冷たかった。ニコライとの拝謁は許されたが儀礼的なものでしかなかった。伊藤はラムズドルフ、ウイッテと面談して、来訪の意図を伝えたが反応は鈍かった。

枢密院議長伊藤博文

「ロシアが日本の朝鮮支配を認めるなら、日本はロシアの遼東半島の領有とハルビンから旅順に至る鉄道敷設を黙認する。ただしロシアが満洲に軍隊を残すのは鉄道警備に必要な最低限度に限り、かつ満洲の市場を開放することが条件である」

ウイッテの回想記によれば、二人は数度にわたり面談しており、伊藤は「日英同盟が成立すれば日露の対決は避けがたいものになる恐れがあり、それ以前に日露の懸案で解決できるものは解決して戦争は避けたい。日英が条約を結ぶにしても、もっと世界平和に寄与できるものにすべきである」と訴えた。伊藤の提案は外務大臣が中心の関係大臣による会議の議題とはなったが、日本を脅威と思っていなかったことから、真剣な討議には至らなかった。

この時の行動から、伊藤を親露派と評する向きがあるが、それは間違いで国際協調派と称すべきである。伊藤の訪露の目的は、あくまでも戦争回避であった。ただ相手に通じなかっただけである。小村以前の日本の外交を主導していた陸奥宗光（一八四四～九七年）は国際協調の難しさをこう語る。

「日英同盟に期待している人は多い。しかし英国は他人の憂いを自分の憂いとして助けるようなドン・キホーテではない。同盟で日本の安全を保障するなら、英国も代償が要る。日本の国力は英国の長い防衛線に寄与する力があるだろうか。英国は日本が同盟国として大陸で戦い、シンガポール以遠に艦隊を出す能力があるとは思っていない。三国干渉のときも、もし英国が一言、同盟といってくれていたら、伊藤内閣はそれに賭けて大勇断したかもしれない。しかし英国はそうはいわなかった。そこで三国干渉を受諾した」

三国干渉の時の首相は伊藤、外相は陸奥で、この時も国内にはイギリスに支援を求める声があったが、日本に味方してロシア、ドイツ、フランスを敵にするリスクを避けたイギリスは乗ってこなかった。伊藤が日英同盟に素直に乗れなかったのには、この時の苦い思いがあったからであろう。外交は〈紙の戦争〉といわれ、自国の安全のためなら、何でもありなのである。

話は前後するが、イギリスは極東で日本と組み、ヨーロッパではフランスと結んで（英仏協商＝一九〇四年）、自国が戦争に巻き込まれないための万策を講じた。日英同盟では「同盟国（日本、イギリス）に対し、もし他の一国または数ヵ国が戦争をしかけてくる場合、締結国は同盟国を助けて戦争に加わる」（第三條）ことになっている。万が一、フランスが同盟のよしみでロシアに加担した場合、イギリスは日本を助けてロシアと戦わねばならなくなるが、そうならないためにフランスと組んだ。いわば保険だった。

一方、フランスがロシアと組んだ（一八九一年）のはドイツの軍事的脅威に備えたものだが、頼りにしていたロシアが極東にシフトしてヨーロッパ側での軍備が手薄になるとドイツの脅威が浮上する。ロシアが日本に負けた場合はなおさらで、ロシアに代わるドイツ対策としてイギリスと組むことを選択した。

各地で植民地の再分割が始まっていたこの時代、ドイツに限らず、イギリスとフランスの間にも紛争が絶えなかったことから、日露の戦争に巻き込まれたくない、両国の利害が一致したのである。英仏協商が成立したのは一九〇四年八月だが、一九〇三年五月のエドワード七世のパリ訪問、七月のルベ大統領のロンドン訪問から模索は始まっていた。外交とはかくも深慮遠謀なものなのである。

ニコライの独り相撲

開戦が秒読み段階に入った、一九〇四年一月二十五日、アレクセイエフはニコライに旅順とウラジオストクに戒厳令を出すことを要請。ニコライがこれを許諾したのを受けて、アレクセイエフは鴨緑江の警護を固めた。

一月三十日、日本軍が佐世保港に輸送船六十隻を集結させたという情報を得たアレクセイエフはニコライに旅順の太平洋艦隊、ウラジオストク艦隊の出動の裁可を仰いだが、ニコライの答えは「ノー」。

「わが方からではなく、日本軍が戦闘を開始することが望ましい。それ故、日本がわが方に対して行動を開始しない場合、貴官は日本軍が南朝鮮ないし元山を含む朝鮮の東部沿岸に上陸するのを妨げるべきではない。しかし西部において、上陸部隊を乗せた日本艦隊が三十八度線を越えて北上した場合には、諸君は日本側からの第一発を待つことなく、日本軍に対する攻撃は許されるであろう」

つまり日本が殴ってくるまで手出しをするなというのである。この結果、旅順におけるロシア海軍の事前の行動は著しく制限された。日本艦船の接近を探知するために出動する水雷艇は二隻に限定され、しかも二十カイリを越えてはならず、砲艦の外洋への巡航は十カイリに制限されたのである。

さらに二月一日の命令書には「戦闘配備の特別命令がない場合、火蓋を切る用意をして巡航してはならない」とあった。つまり大砲は実弾を装塡して航行してはならないというのである。

また敵艦の湾内への潜入を防ぐため浮動防材および海中鉄条網の敷設が必要だが、「自軍艦船のスクリューが網に巻き付く危険があるから」という理由で、これも許可にならなかった。

二月七日朝、アレクセイエフは日本との外交関係が断絶したことをペテルブルグからの電報で知った。このことを旅順で唯一のロシア語新聞『ノーヴィ・クライ』が発表の許可を申請したところアレクセイフエは「世論が動揺する」ことを理由に許可しなかった。

仁川（インチョン）沖で、最初の軍事衝突が起きたのは翌日の八日、九日には旅順が直接、日本海軍の攻撃を受けた。世論が動揺する暇などなかったのである。

このようにロシアの対応がことごとくチグハグであった。それにしても解せないのがニコライの態度だ。男児出産がなくノイローゼ気味の皇后アリックスのことで頭が一杯で、他のことは何も考えられなかったとか、まさか日本が攻めて来るとは思わなかったとか、いろいろいわれているが、事は国家の大事なのである。いずれにせよ最高指揮官としての責務が問われるところだ。

しかしともかく戦争は始まった。日本がロシアに宣戦布告して翌日の二月十一日、冬宮では戦勝を祈願する祈禱式が盛大に挙行された。重苦しい雰囲気の中、ニコライだけが意気軒昂であった。

ウイッテはこの日のことを『回想記』にこう記している。

「神は将来、われわれにいかなる運命を与えるであろうか。われわれは今後長く多難の道を辿らねばならぬのか。気の毒なのは、われわれの皇帝である。われわれのロシアである。彼は何を父祖に享けて、何を子孫に伝えるのであろうか。思えば彼は善良な人であって、決して暗愚ではない。しかし一つの欠点は非常に意志の薄弱なことである。この欠点こそ彼の治世に現われた一切の秕政《ひせい》（悪政）の根源であった。そうして彼が〈神か我か〉という現代の比類のない専制独裁君主であっただけに、その欠点もまた特に強く現われたのであった」

ニコライは心の不安を悟られまいとして、ことさら強がって見せたと、ウイッテは見ていたのであろうか。先に手出しすることを禁じたのは、日本の無法を国際社会に印象付けるためと受け取れなくもないが、ニコライにそれほどの深慮遠謀があったとは思えない。横綱相撲を意識していたとすれば、あまりにも現状を知らなさすぎる。不出世の名横綱双葉山は（一九一二～六八年）は三年間、無敗の六十九連勝を飾った。それほど強かったのである。だがロシアは双葉山のような強靭な足腰を持たなかった。関節のあちこちにガタがきていたのである。

それにしてもニコライの戦争への取り組み方は不可解としかいいようがない。この時に限らず、彼の治世全般にわたってよき助言者に恵まれなかったことがあげられる。彼の人の善さにつけこんで、名誉、地位、富を得ようと企む者たちにかしずかれて現実を直視出来なかったことがロシアの不運であった。

極東総督アレクセイエフ海軍大将

そもそもの過ちはアレクセイエフを陸海軍にまたがる満洲派遣軍のトップに任命したことにある。アレクセイエフは海軍大将だが、海軍においても尊敬されるような実績がなく、もとより陸軍を指揮した経験もない。「馬にも乗れない総司令官」を周囲は嘲笑《あざわら》った。古い話になるが、ニコライの父アレクサンドル三世は皇太子の頃、

恋愛事件から父アレクサンドル二世の勘気に触れた。父二世は息子の頭を冷やすために世界一周の練習艦隊に乗せた。その時、随行した一人が、まだ青年士官だったアレクセイエフ。一行がパリで羽目を外し、皇太子がフランス警察に逮捕されると、アレクセイエフは名前が似ていて混同したのだろうが、騒動を起こしたのは、実は自分だと警察に出頭して皇太子の難を救った。このことがあってアレクサンドル三世の治世になって、アレクセイエフは海軍総司令官に取り立てられるなど破格の出世を遂げるのだが、社交家のアレクセイエフはニコライの代になっても、常に日の当たる地位にあった。

こうした周囲の声に、さすがに拙《まず》いと思ったのか、ニコライは陸軍大臣のクロパトキンを満洲軍総司令官に任命したが、アレクセイエフが極東総督のままでいたことで、

結果として満洲軍には二人の司令塔があることになった。禍の上に禍を重ねたのである。

クロパトキンは満洲に向けて出発する前夜、ウイッテを訪ねてこう語った。

「われわれはこの戦争に何の準備もしてこなかった。したがって十分に準備をした敵と対抗するに足る兵力を結集するには、今後数ヵ月を要する。私の計画としては、兵力が補強されるまでは現有勢力で戦うが、それまではハルビンを目標に後退する。旅順はしばらくは独自の防衛に任せる。ヨーロッパ・ロシアその他の地域から補強された軍隊はハルビンの近くで訓練する。そうして後退軍がその地点に達したところで、大軍を編成して一気に日本軍を粉砕するつもりだ」

これに対してウイッテが「わが軍は戦闘力、軍資の補充を数千里の遠き本国に持つという不利がある。その場合、採るべき作戦は今、君がいったことのほかにあろうとは思えない」と賛同すると、クロパトキンは「君はわが国では比肩する者のない知才の人である。その君が私と同じ任命を受けたとすれば、必然採るべき秘策があるはずで、それを教えてほしい」と重ねて問うと、ウイッテは「いまアレクセイエフは奉天にいる。君も奉天に直行するだろう。そこでもし僕が君の立場なら、ただちにアレクセイエフを捕縛して本国に送り返す。同時に陛下にこうしなければ戦に勝てないことを報告し、それが許されないなら私に自殺する命令を下されることを願うと申し上げる」

クロパトキンは黙って聞いていたが、「君の言う通りだ」と言い残して立ち去った。

しかしクロパトキンはウイッテの助言を実行しなかった。どんな理由があれ上官を捕縛するのは皇帝への反逆である。根が軍人のクロパトキンには出来ないことだった。

クロパトキンはアレクセイエフを尊敬していない。自分を侮っているクロパトキンを、アレクセイエフは嫌悪していた。陸上での戦いを知らないアレクセイエフの命令が、どれだけ現場の指揮官を悩ましたか。事態が深刻になるに至って、さしものニコライもアレクセイエフを本国に呼び戻したが手遅れだった。

だがウイッテは本音のところではクロパトキンを評価していなかった。政治家の言はかくのごとく変幻自在なのである。クロパトキンへの評価は、次の章で述べる。

主戦場は海

本書では戦闘場面の記述は必要最小限度に止めた。それは筆者が軍事面に暗いからでもあるが、日露戦争を戦記としてとらえた書籍は多々あるから、いまさらなぞる必要がないと判断したからである。

幾多の英雄、さまざまな伝説を生んだ日本海海戦（一九〇五年五月二十八日）は日露戦争の華としてスポットライトを浴びているが、実は結末の見えたラストシーンでしかなかった。

バルチック艦隊は一九〇四年十月十五日、日本周辺の制海権を奪取する目的で、ロシアのリバウ港を出港、極東を目指した。約三万七千キロ、九ヵ月の月日をかけて、東シナ海に辿り着いた時は、すでに戦う意欲と機能を失っていた艦隊は、満を持していた日本艦隊の攻撃によって壊滅状態に陥り、ウラジオストクに逃げ込むだけが目的の哀れな船団となっていた。ちなみに無事、逃げおおせたのは三十八隻中、わずか二隻。突き詰めていえば、ロシア国内のA地点・リバウからB地点のウラジオストクへの移動を目指しただけの、世界の海戦史上に残る壮大なムダとなったのである。

したがって日本海海戦の戦闘の模様をここで再現することは、ほとんど意味がないが、バルチック艦隊の持つ意味合いは大きかった。

実は日露戦争の勝敗の分岐点は海であった。日本軍はロシアと戦うために大量の将兵と兵器・軍装を満洲に送り込むには海を渡らなければならない。ロシアにはシベリア鉄道というアキレス腱があったが、日本には海という隘路があった。

歪頭山・剣山の攻防戦から数えて百九十一日。日本軍総兵力十三万（後方部隊を含む）のうち、戦死一万五千四百名、戦傷四万四千名もの人的損害を出した旅順攻防戦も、つまるところは制海権を巡る争いであった。

当然、ロシアの狙いも海だ。ロシアが日本周辺の海を制すれば、満洲の日本軍は兵站線を断たれ孤立する。陸戦の天王山とされた奉天大会戦で日本軍が二十五万の兵と九百九十門の砲を集結して、三十二万のロシア軍に大打撃を与えたが、それを可能にしたのは日本が海を支配していたからである。ロシアがバルチック艦隊を派遣したのも、日本周辺の制海権を取り戻すことにあった。

開戦以前の関係海域で、どちらが優位を占めていたかといえばロシアだ。ことに日本海はウラジオストクを拠点とするロシア艦隊が優位にあった。日本は日本海での劣勢を回復しようとウルルン島の奪取を試みたが、ロシアに阻まれた。ちなみに今日、日韓で帰属を巡ってモメている竹島（独島）はウルルン島の離島で、日本海海戦の主戦場はこの海域であった。

日本は開戦劈頭の仁川沖海戦、旅順港奇襲作戦で黄海と対馬海峡の制海権を、ほぼ掌中にしたが、日本海では依然、ロシアが優勢を保っていた。四月、朝鮮半島東海岸の新浦沖で金州丸が、六月、玄海灘の沖ノ島付近で陸軍部隊を乗せた常陸丸がロシア軍によって撃沈され、近衛連隊の将兵約一千名、馬三百二十頭、榴弾砲十八門を失うなど、日本は甚大な被害を受けた。

日本にとっての日本海、ロシアにとっては黄海、対馬海峡での制海権の確保が、以後の戦いを有利に進めるのに不可欠であった。今日、日本海海戦だけが脚光を浴びているが、戦いの勝敗を左右する海の戦いは開戦当初から始まっていたのである。

これらの海戦をロシア側から見てみる。

ロシア軍は五月二十六日の金州、六月十五日の得利寺の戦いで、陸上の戦いで相次いで日本軍に破れたことで、旅順は孤立した。陸上での補給が不可能になったのである。このままでは要塞維持が困難になると判断したアレクセイエフは旅順港の太平洋艦隊に、敵の防衛線を突破してウラジオストクへの脱出を命じた。

しかし現場は反対だった。今、港を出て日本軍と戦っても勝てる見込みがなかった。かりに艦隊は生き延びたとしても、要塞にたてこもる陸軍の将兵を見捨てることになる。旅順の海軍も陸軍も、この時点では、外からの援軍があれば、反転攻勢の望みを捨てていなかった。

だがトップの命令には逆らえなかった。六月二十三日午前四時、旗艦ツェザレウイッチを先頭に二十数隻の船団が旅順港を出港。全艦が港を出終えたのは七時間後の午前十一時。旅順港は出入口が巾着のように狭まっていることから一隻ずつしか出られないため、これだけの時間がかかった。旅順港の堅牢さは東洋一とされているが、それは外からの攻撃に対してであって、攻勢に出るには不向きな欠陥要塞だった。ほどなく出撃は日本艦隊の知るところとなったが、大きな戦闘には至らず、両艦隊は遼東半島の東海岸を平行して進んで行くうちに日没となり、艦隊は傷つきながらも旅順に帰港した。

目的は果たせなかったが、ロシアにとって、この出撃はまったく意味のないことではなかった。ロシア艦隊の予期せぬ攻勢に時間を取られた日本軍は、在満部隊への食糧の海上輸送を一時中断せざるをえなくなったからだ。

日本軍は五月三十日に大連を占領したが、湾内にロシア軍が敷設した水雷が多数浮遊していて輸送船が近づける情況になかったが、その除去作業にも影響が出た。日本軍は大連を第一の輸送物資の陸揚げ地としていた。輸送が滞った結果、金州、得利寺の勝利の余勢を駆って、一気に遼陽に侵攻する作戦が、八月十日と大幅に予定がずれ込んだのである。

アレクセイエフから再度の出撃命令が出た。艦隊司令官のヴィトゲフト少将の返電はこうであった。

「われわれに残された道は二つしかない。援軍が来るまで旅順を固守するか、出航し

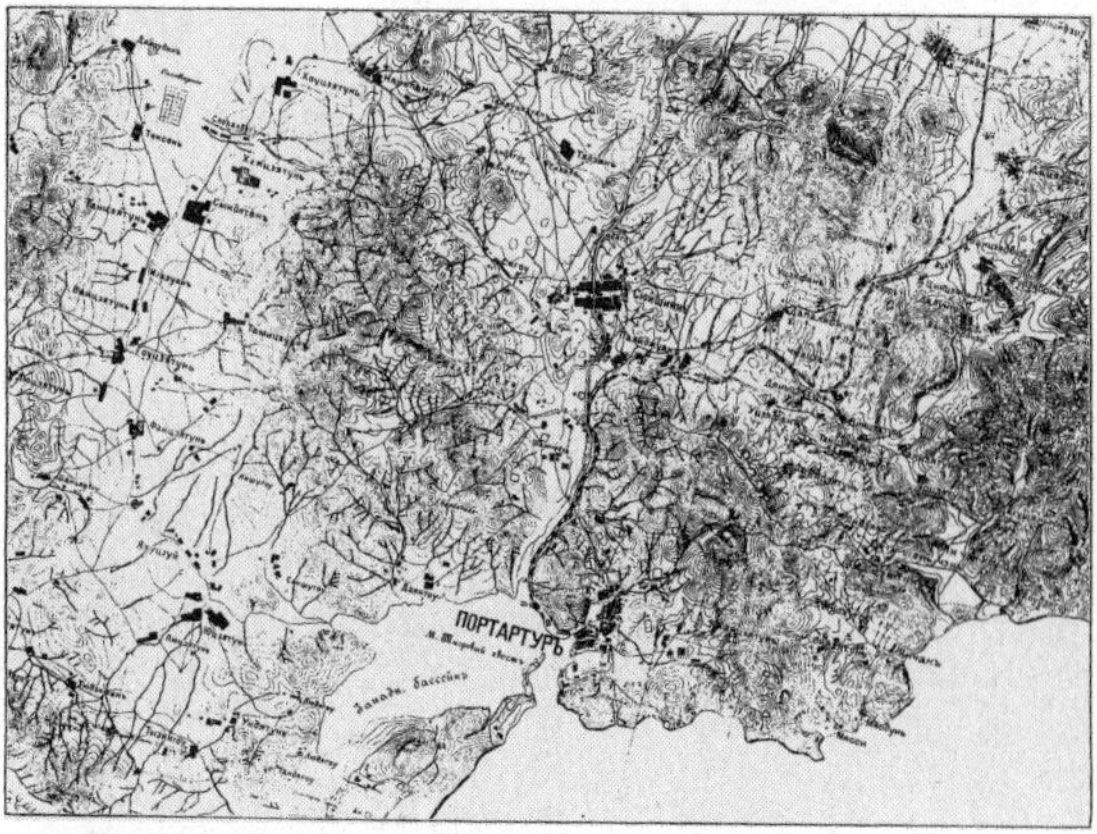

ロシア軍が用いた旅順の地図、下が旅順港

て壊滅するかです。ウラジオストクへの道は死でしか実現できません」

旅順港の実状、日本艦隊の現状についてはヴィトゲフトの方がペテルブルグや奉天より、はるかによく知っている。ヴィトゲフトが召集した作戦会議の結論は「軍港の防衛力全部が出払ったとき、はじめて旅順出航の是非がわかる」であった。彼らは出航すれば太平洋艦隊のみならず旅順港と要塞が壊滅すると判断したのである。

七月十日、二度目の出撃命令が出たが、艦船は出撃しなかった。出撃することの無意味さが上から下まで浸透していたことに加えて、艦に搭載されてあった艦砲の多くが取り外されて、陸戦に転用されていたこともあった。

この時、旅順にいたイム・コスチェンコ海軍少将は自著『旅順攻防回想録』にこう記した。

「八月八日から敵は旅順市内を砲撃しはじめた。それから毎日、昼となく夜となく砲撃が続き、人々は時々刻々生命の危険にさらされた。中でも最も激しく射撃されたのは軍港と湾内に停泊していた軍艦だった。砲撃は九日も継続し、いよいよ猛烈となった。敵弾はあられのように落ち、しかも射撃は非常に正確だった。この日の砲弾によって海軍省の貯炭庫が焼かれた。日本軍はこの火炎で、ますます元気づけられたと見え、火災の付近に砲火が集中し、消火ができない事態となった。立ち上がる火柱と建物から噴き出す火焔は、その付近に爆発する砲弾の音響とあいまってすさまじいありさまであった」

ちなみに日本の乃木が率いる第三軍による第一回の旅順総攻撃が始まったのは八月七日(～二十四日)だ。

ともかくこうした情況の中で、八月十日午前四時三十分、最後となった三回目の出撃作戦が敢行された。巡洋艦ノーウィクを先頭に戦艦六隻、巡洋艦五隻ら三十三隻の全艦隊が出港を終えたのは、午前八時十五分。ヴィトゲフトは全艦に「皇帝陛下の命令でウラジオストクへ向かう」ことを告げた。しかしその命令には「なるべくなら戦闘を回避せよ」とも記されていた。つまり無傷でということなのである。しかし日本艦隊と遭遇すれば戦闘は避けられず、無傷というのはありえないことなのである。

　はたして艦隊の出撃は、すぐさま日本艦隊の気付くところとなった。午前十時には、お互いの確認できる距離まで接近した。そして午後四時三十分、本格的な海戦が始まった。しばらくは互角の戦闘が続いたが、日が傾くにつれてロシア軍は不利になった。入り日が砲撃手の目を塞いだのである。太平洋艦隊の被害は甚大であった。旅順港に帰り着いたのは戦艦五隻、巡洋艦一隻、駆逐艦三隻の九隻。ヴィトゲフトは戦死。旗艦ツェザレウイッチは膠州湾に逃れた後、武装解除。これが世にいう黄海海戦である。

　この時、アレクセイエフは太平洋艦隊に出撃命令を出すと同時にウラジオストク艦隊にも出撃を命じていた。しかし命令の中身は「早朝までに釜山の線まで行き、そこで太平洋艦隊に遭遇しない場合は、さらに南に進んではならない。その後は全速力でウラジオストクに戻ること」で、アレクセイエフの意図が「太平洋艦隊がウラジオストクに向かうのを援助する」ことにあるのはわかるにしても、戦わずして帰還せよとの命令に艦隊司令官スクルイドルフは戸惑った。

　八月十四日午前四時三十分、ウラジオストクの巡洋艦四隻が隠岐島海域を航行中、日本艦隊と遭遇。命令どおり船団は戦闘を避けて旋回を試みたが、日本艦隊に行く手を塞がれ、午前五時、戦闘となった。上屋が木造でできている旧式艦はたちまち炎上、戦闘不能に陥った。午前十時に砲声が止んだ。ロシアの巡洋艦はすべて沈んだ。海上に漂うロシア兵六百二十五名が日本側によって救助され、内二百三十名が負傷していた。

以上が蔚山沖海戦のあらましである。黄海海戦、蔚山沖海戦の結果、日本は黄海、対馬海峡、日本海における制海権を不動のものとした。この時点で日露戦争の海戦は終わっていたのである。

第４章　敗軍の将クロパトキンの真実

ナンバーワンの資質

一台の馬車に馬が二頭、御者が二人いて、それぞれが別の方向を目指して行く。それでは馬車は迷走するばかりだ。御者の一人はアレクセイエフ、もう一人はクロパトキン。

「元来、アレクセイエフという男は、何の主義も定見もない、ただ権勢におもねることを能事と心得る輩である。彼は極東総督としても対日本軍総司令官であっても、何ら自分の意見をもつ訳でもない。ひたすら陛下の意に迎合するのみである。ところが陛下はベゾブラゾフ一派に幻惑されて〈日本人は猿である。そんなものは一撃のもとに退治しうる〉という妄想を抱いていたのである。したがって、これに迎合するに専念なアレクセイエフの意見を顧慮するクロパトキンがついに何事もなしえなかったのは察するに難くない」

ウイッテのアレクセイエフ評は、かくのごとく辛辣だが、毀誉褒貶のあるウイッテの人物評は鵜呑みにできないにしても、他のアレクセイエフ評も似たり寄ったりであることから、この程度の人物であったのであろう。

一方、クロパトキンだが、前任の陸軍大臣ワンノフスキーはアレクサンドル三世時代、陸軍を牛耳った実力者で、ニコライの治世になって退け時と見たのか、さっさと辞任。ニコライから後任はと問われて、上げた名前の三番目がクロパトキンだった。

クロパトキンはトルコと戦ったプレヴナの戦役（一八七七年）に参謀長として指揮にあたり、〈百四十三日の城攻め〉に成功、一躍、国民的ヒーローになったが、実戦の指揮をとったのはこれが最後で、司令官がクロパトキンに送った別れの言葉が「君はこれから、さらに大きなチャンスが巡ってくるかもしれないが、決してナンバーワンになってはいけない。きっとそのことで身を滅ぼすから」

部下に贈る言葉としては洒落にもならず容赦もないが、クロパトキンはこういわれてもヘコまない器ではあった。

処世の術に長けていなければ生き抜いて行けない、伏魔殿のような宮廷にあって、元老のA・A・アバサは鋭い眼力で知られた特異な存在であった。

「クロパトキンは陸軍大臣にもなるだろう。いやもっと偉くなるかもしれない。しかし結局はみんな彼について幻滅を感じる時がくるのだ。なぜだかわかるか。彼は知恵もあり勇敢な将軍だが、彼の精神はまるで司令部付きの副官だ」

アバサの予言は的中。陸軍大臣から満洲派遣軍司令官、さらに総司令官に上り詰めたクロパトキンだが、末路は哀れだった。退却将軍の汚名を被って、戦い半ばで罷免、国民の罵声に追われるように中央の舞台から去った。晩年は故郷の小学校で孫のような子供を相手に教鞭をとった。本人は不本意であったかもしれないが、静かな余生だった。

ニコライが三番手の評価しかないクロパトキンを陸軍大臣に登用したのは、国民に迎合したからだとウイッテはいう。ある時期までクロパトキンはニコライと皇后のお気に入りだったが、日露開戦の頃はその熱は冷めていて、大衆に人気があるからというだけの安易な人事であったとされている。

なぜ自分だけが責められる

だがクロパトキンにも言い分はあった。自らが記した『クロパトキン回想録』で、切々というより、堂々と自己主張している。まさに「敗軍の将、兵を語る」だが、彼の主張には一理も二理もあるのである。

「戦闘開始当時から十月下旬に至る期間、総司令権はアレクセイエフにあった。十月下旬から明年三月中旬までは予の手中にあった。三月中旬から終局に至る六ヵ月、その権限はリネヴィチ大将にあった。全戦闘期間十九ヵ月間、わずか四ヵ月半ばに過ぎず、しかも初期と終期でなく中期にもかかわらず、予は敗戦の全責任を負わされた」

満洲軍総司令官クロパトキン陸軍大将

クロパトキンが力説するのは、まずこの点である。中間の四ヵ月を任されただけの自分が、なぜ敗戦の全責任を負わされるのか。先発投手が大失点を許し、急遽、リリーフに立った自分が何とかゲームを作ったにもかかわらず降板させられ、抑えの投手が駄目押し点を与え、たまらずベンチがタオルを投げた。あのまま自分に指揮を任されていたら、少なくとも陸戦で負けることはなかったと、クロパトキンは確信しているのである。

クロパトキンの嘆き節、時には恨み節にも取れるが、その節々から日露戦争の実相、すなわち〈日本が負けなかった訳〉〈ロシアが勝てなかった訳〉が垣間見える。客席（日本側）からは、決して見ることのできない、カーテンの向こうの出来事は面白いといえば語弊があるが面白い。

こんなにもある勝てない理由

以下にクロパトキンの主張を整理する。少々長くなるが、日本側から見た日露戦争の通史を何冊も読むより、有益であることは保証する。

●海軍がヘマだから

日露戦争の雌雄は海戦によって決まる。なぜならば日本が軍隊を満洲に送り込むのを阻止することが、勝利への第一歩であるからである。にもかかわらず、わが海軍は旅順港に籠もったまま、積極的な行動に出ず、日本軍の上陸をやすやす許してしまった。大連港に巨費を投じて、さまざまな港湾施設を造営しておきながら、軍港である旅順港には、満足なドックすらなかった。

わが国にとって海軍は、もっぱら観艦式のためのもので、立派な大砲、水雷は備えていても、艦を巧みに操る者がいなかった。将校は新たな戦術を学ぶことをせず、艦内生活で自らを鍛えることもしなかった。艦を操る点でも、砲術においても日本に著しく劣った。ボロ船を集めたバルチック艦隊は負けるべくして負けたのである。

●兵站線がお粗末だから

戦争は兵站が命である。満洲とロシア本国とは五千乃至九千露里（一露里は約〇・九三七キロ）の距離があるにもかかわらず、わが兵站線、すなわちシベリア鉄道、東清鉄道はあまりにもお粗末であった。

戦争を遂行するにはシベリア鉄道、東清鉄道において一昼夜十五列車、南部線（ハルビン・旅順）では十八列車の軍用専用列車の運行が必要であった。軍隊の集中を迅速ならしめ、広く軍需物資を給養するには、絶対必要であった。金はかかるが、戦争を一刻も早く勝って終わらせるには不可欠であり、鉄道網の強化は戦争後も有益で、決してムダではない。

道路網の早期整備も必要であった。シベリア旧道、及び東清鉄道沿いの道路を活用するのはもとより、鉄道から離れた場所まで軍隊、物資の移送を可能にするための道路の整備が必要であったが、政府はその努力をしなかった。満洲に道路はない。人が踏み固めた道があるだけで雨が降れば泥土となり、ついには川になり、川には橋が架かっていない。それでどうやって上手く戦えというのか。

鉄道についていえば、単線であったことが致命的であった。一つの列車が線路を塞いでいる間、逆方向の列車は待機を余儀なくさせられる。膨大な時間のロスである。一本しかないレールを効率よく使うには停車場と待機線、それに給水施設が欠かせないのだが、そのどれもが断然不足していた。

シベリア鉄道の最大の障害はバイカル湖だ。迂回線が、いまだ未整備であるため、氷上に設けた道路を将兵は徒歩で、機関車、車両は馬に曳かれて渡った。自然に凍結した湖面は切り立った山、谷のごとくで、均《なら》さなければ人も物も通れないのである。氷上の道路を将兵は一日四十四露里のスピードで行進する。装具等は四人に一台与えられたソリに積んで引っ張る。

「運輸機関の通過（氷上）を開始する。既に百五十台以上の車両の運搬を終了し、天気回復を待ちて機関車を運搬する予定なり」との知らせがあったのは開戦年の三月二日であったが、喜んだのも束の間、数日後に「激甚なる気温の変化の為、湖上の各所に亀裂が生じ、道路を他に移動せざるを得なくなり、今、軍隊に出動を要請しているところである」との知らせを受け取った。

シベリアの自然はかほど厳しい。それにしてもバイカル線千二百露里に配備されている兵が、わずか四百名ではたちうちできない。

機関車、車両は欧露のものを転用しても、まだ足りない。新造しようにも労働者の

奉天駅におけるクロパトキン

サボタージュで生産が追いつかない。軍が要請した機関車三百五十両中、三月十八日までに届いたのは百五両、車両一千両は、わずか六十両。それでも少ない車両をやりくりして、九ヵ月に三十万人の兵の輸送が行なわれたが、戦争は必要な時に必要な物を求めているのだから、迅速、かつ集中的でなければ意味がない。

車両の新造には金がかかる。機関車三百五十、貨車二千三百五十、無蓋車八百十、客車百三十両に二千三百万ルーブルがかかるが、戦争は金がかかるものなのである。

初期の頃、石炭、予備品の大部分は大連に貯蔵されてあったため、これを必要とする各地に輸送するのに、ひどく時間と手間がかかった。

九軍団三十数万人の将兵が戦うに必要な兵器、砲弾、食糧の輸送、補給、常に数千を超えた負傷兵の後送などを一本の単線に頼ることは、到底ムリであった。一度ならず複線化が提議されたが、政府もその必要を認めて、計画段階に入ったが工事着手には至らなかった。

●将兵の質が劣悪だから

兵員の質、訓練にも大いに問題があった。訓練を受けた現役兵が、昨日まで鋤鍬を握っていた補充兵より優れているのは当然としても、それが一緒に戦うと、こういうことが起きる。補充兵は危険な場所に出たがらない。現役兵が「前に出て戦え」と文句をいうと、「汝等は兵士なり、我らは農夫なり」といって退くばかりで、すでに一家の主ともなれば家族のために生きて帰ろうとするのが当然だ。ワンノフスキーの時代に予備役の訓練を含めた軍の構成が検討され、一部の地域で実施されたが、広く浸透するには至らなかった。

戦争が長引くにつれて軍規も緩んだ。負傷兵は治癒したら、ただちに所属部隊に復帰すべきなのに、ことに本国で治療を受けた者は治癒後も帰還しない。軍医も送還委員も彼らに寛大であった。不帰還兵に将校が多かったことから、鼻薬が利いているのではないかとの噂がつきまとった。将校には富裕層が多く、袖の下さえ使えば戦場に戻らなくてもよいなら、だれもがそうする。その結果、前線は深刻な将校不足に悩まされることになった。

日本軍はハルビンまで来れなかった

クロパトキンの嘆きは戦略、政略にまで及ぶ。

「敵は南満の大部分を占領したが、奉天からさらに北上して、ハルビンまで追撃するのは不可能である。わが軍が四平街、公主嶺、寛城子に構築した要塞を攻略する困難さは、大石橋、鉄嶺の要塞とは比較にならない。四平街には無傷の精鋭部隊が手ぐすねを引いており、日本軍はこの防衛線を突破できない」

奉天大会戦の後、鉄嶺まで兵を進めた日本軍は昌図（吉林省）に陣地を張って、四平街のロシア軍と向かい合った状態で休戦講和となったが、戦闘が続いておればロシア軍の勝利は間違いなく、日本軍に勝ち目はなかったというのである。

開戦直前に日本を訪れたクロパトキンは日本を知る数少ない軍人の一人でもある。

クロパトキンは、まず地勢上の問題を指摘する。

「日本本土は満洲沿岸から隔たること九百露里、朝鮮からわずか二百露里。しかも根拠地は一つの国である。しかるに我は植民地を蜘蛛の糸のごとく細く東洋に延長。しかして本国の根拠地と戦場は五千乃至九千露里を隔てている。頼みとするシベリア鉄道、東清鉄道は単線で輸送力に限界がある。しかも鉄道は中国領土内を通っていることから、場合によっては中国が敵となることも有り得る」

次に道路だが、鉄道から離れた場所における戦闘はロシア軍にとって、ひどく負担であったらしい。

「給養及び弾薬補給の途絶を危惧する結果、常に鉄道に拘束され、鉄道を離れて遠く出動すること能わず。ことに雨季になると、わが軍の行動は極めて難渋し、馬匹の入手も難しいありさまであった」

「制海権を手中にした敵は、わが艦隊より何ら妨害を受けずに遼東半島に上陸し、我らが鉄道から離れられないのを承知で立脚地を包囲攻撃してくる」

「黒木第一軍に北上を許したのは、われわれの多くが山地での戦闘を経験していなかったことによる」

等々、愚痴を並べたてるが、悪路に悩まされたのは日本軍も同じで、日本軍が山地の戦いに慣れていたわけではなかった。ただ兵器、弾薬、食糧の輸送に欠かせない牛馬、荷馬車の調達がロシア軍より容易であったのは事実。本国だけでなく、朝鮮半島の各地で徴用できたことは大きい。

クロパトキンからすればロシアが制海権を早々に失ったことが痛恨事なのである。

日本の朝鮮半島への上陸を易々と許したことで鴨緑江渡河を早め、遼東半島上陸によって旅順、大連が孤立するという取り返しのつかない事態を招いた。相撲でいえば立ち後れたのである。

さらに嘆く。

「地元民の暴挙に対する警戒を怠ること能わず。橋梁は日々破損され、補給物資が奪取されることもしばしばであった」

この場面の地元民とは馬賊のことである。橋が壊され補給部隊が立ち往生しているところを馬賊が襲う。この頃の馬賊は決して単独行動は取らない。複数のグループが連携して、方向を変え、時間差をつけて攻撃してくる。地の利のないロシア軍は防ぎようがなかったのである。

中国政府は表向きは局外中立であったが、実際は何かにつけて日本軍に味方した。では現地民はどうだったのか。よその国の軍隊が断わりもなく勝手に来て戦争を始めたのである。おちおち暮らしてもいられない。住居や畑はもとより、野や山も荒らされる。迷惑な話だ。狼藉者であるのはロシアも日本も同じだが、ロシアには前科があった。義和団の乱の際、鉄道保護を名目に派遣した軍隊を、その後も長きにわたって駐屯させ、実質的に満洲を支配し続けたことが、現地民に深い憎しみを植え付けていたのも事実で、馬賊の跳梁にはそんな背景がある。クロパトキンにしてみれば、まさに敵地での戦いであった。地の利は断然、日本軍にあったのである。

負けたのはロシアで、自分は負けていない

クロパトキンが腹に据えかねたことの一つは、現地が与《あずか》り知らない所で、戦争中止の謀議がなされたことにある。その怒りはルーズベルトにも向けられる。お節介だというのである。

クロパトキンはロシアの敗戦を「一局部の敗戦」としか受け取っていない。海軍は負けた、陸軍も一部は負けたが、自分は負けていないというのである。

「日本からの諸種の情報によれば、敵は既に補充の源泉を枯らし、戦争の持久に対して国民の不平まさに破裂せんとす、この時にあたり敵軍は我が優勢なる兵力に対して到底勝利を制する能わざるは明白なり」は、当たらずといえども遠からずである。

しかし彼の怒りは、後方、すなわち本国の戦争への無理解、無関心に触れた時、一段とヒートアップする。

『隊長』と題する冊子には「聡明英才の大将軍といえども、各部隊長の独立協力を退けるべからず」とある。「聡明英才の大将軍」とは、ほかならぬクロパトキンのことで、クロパトキンが下級の部隊長にまで、細かなことまで指示するので、部隊長は自分では何も判断しなくなったと、クロパトキンを非難しているのである。

『決闘』と題した記事には「某中隊長は部下を練兵場で、二、三時間、いたずらに疲労させ、教練を休む者を殴ることが日撃されている」「下士官の部下に対する虐待は一層残酷で血を見るまで殴ったり、歯を折られたり、鼓膜を破られた者もいる」

戦場における訓練（イジメ？）をことさら拡大して報道することに対して、クロパトキンは猛烈に反論する。

「一部の将校の行動から、他の将校もそうだというような見方をすべきではない。休暇をハルビンで過ごしていた将校が酔っ払っていたからといって、将校がいつも酔っ払っているわけではない」

「補充兵の劣化は、しばしば指摘されるが、壮年後期の者にとって満洲の気候は厳しい。夏季行進中、日射病、心臓病などで倒れる者も少なくない。大石橋、海城、遼陽の戦いに参加した部隊には、全員補充兵の部隊もあった」

「本国の戦争への関心は極めて低い。貴族、商人、学者等上流の子弟は従軍を欲しない。学生も医学生を除き、参戦する者はマレである。しかるに日本においては高貴の子弟に至るまで競って兵役を希望する。ナポレオンは〈軍隊の精神要素は成功の四分の一を占める〉といっているが、愛国心においてわが国民は日本国民に負けている」

戦意を蝕む革命思潮

クロパトキンの怒りは自国の敗戦を願う、革命分子の言動に向けられたとき、頂点に達する。

「軍隊に対して冷淡であるだけならまだしも、多数の革命党員は熱心にわが敗戦の策を講じ、これを以て自己の陰謀を遂げんとしている」

すでに触れたことだが、本国における革命勢力は対日戦争の敗北を望んでいた。専制体制を打破するためなら、母国の敗戦も止むなしとしたのである。

革命勢力による戦争破壊は日一日と過激さを増す。

『革命将校へ』と題する社会革命党員の著書にはこうある。

「ロシア国民が嫌悪すべき唯一の敵は現政府にて、今や国民はその政府の旗下に日本と不条理な戦争を行ないつつあり。わが国民の勝利は益々、現政府を鞏固ならしめる所以にしてその不幸もとより大なり。国民の敗戦はわが現状を救済すべき時機の接近を意味す。敵の勝利を喜ぶ一事は奇異の現象にあらず」

とす」

『戦争の感想』はこう記す。

「忠勇の戦士、諸君は国家利益の為に死するにあらず、わが政策の失錯の為に死せんとす」

「今回の戦いは国民のためにならないから負けろ」「死ぬのは犬死にだ」といっているのである。これに対してクロパトキンは「いたずらに戦士をけしかけるがごときは、最も恐怖すべき現象」と怒りをあらわに反撃するが、現政府と国民との間にここまで乖離が生じると、もはや戦争どころではない。

革命勢力が満洲に送りつける印刷物は、かくのごとく軍の威信の失墜、軍規の弛緩、兵士の戦意喪失を狙ったものであった。クロパトキンにとっては、まさしく背後から飛んでくる〈紙の銃弾〉であった。

しかしこうした政府、軍隊への攻撃を擁護する者も、当然のことながら現われる。

「日本国民は平時既に忠君愛国の精神充溢し、武士道の素養あり、これがために一朝ロシアと干戈を交えるや上下一致して戦闘に終始、軍隊は国民の後援を受けたり。これに反してわがロシア国においては愛国心は世界同胞主義並びに武装解除等の偏見に流れるために、わが軍は戦争の難局に立ちながら、全く国民の同情を得ざるのみならず、かえって敵意を以て報いられる」(『両国の精神及び意向』)

「わが敗戦の理由を算すれば各個人の失錯、統御の無能、陸海軍の不備、戦闘材料の不足、予備品の使用及び供給の不足等種々あれども、その主要とするところは国家に対する義務及び愛国心の欠乏に起因する」(『国家の義務と愛国心の概念』)

日本が羨ましい

革命勢力の活字攻勢は、兵士の士気を確実に萎えさせる一方で、クロパトキンの嘆き節は一段と佳境に入る。

「日本は久しき以前より戦備を整え、国民は愛国の精神を充溢し、挙げて戦争を希望せり。これにより陸海軍は長官から下兵卒にいたるまで、ことごとく戦争の意義を理解し、如何に戦勝の国運及び政治上に益するやを知り、平時における将来の国運を洞察し、以て競って身を国家の犠牲たらしめんことを誓えり。各戦士は同族及び全国民の己れに次ぎ続々その子弟を戦場に向かわせ、国難に殉じるを至大の名誉とせり」

「しかるにわが国においては戦争は最初から民意にあらず。国民は一般に戦争を欲せず、これを予期せざりをして戦備は、極めて不十分なり」

「列車に乗じて三十日の行程を経て満洲の野に降車せる兵士は、この地がいずれの邦国に属し、対敵の誰なるを知らず。また戦闘の主意を解せず、将校といえども大部分は好んで軍に従わず、義務上止む得ず従軍する者多し。国民は何らの同情を払わず、九千露里外の地のわが軍を放置して顧みず」

「士気の鼓舞、精神の興奮及び功名心の欠乏は戦闘における頑強に多大な影響を与えり。概してわが軍は敵を制するに足るべき頑強の抵抗を欠き、常に陣地を固守せず、退却を行なえり。階級の如何を問わず、すべて高級指揮官は鋭意頽勢を挽回し勝利を奪う勇気に乏しく、部下の退却を看過し、自ら命令を下せり」

クロパトキンがいってることは、決して的外れではないが、腹立ちまぎれとはいえ愚痴もほどほどにすべきではないか。クロパトキンにも責任の一端はあるのである。そもそも退却せよと命じたのはクロパトキンなのだ。前線の将兵に退却作戦を理解させるのは難しい。勝てそう、あるいは互角に戦っている最中に、いきなり退却せよといわれ、そんなことが一度ならずあると、将兵は戦う意欲を失う。

まず遼陽まで後退し、引き続き奉天からも退き、さらに北へ北へと誘い、最後、ハルビンで本国からの新たな増援軍を得て、日本軍を一気に殲滅させるのが、ロシア軍の既定の作戦なのである。

そのことはニコライとクロパトキンの他、限られた首脳しか了解していない極秘作戦で、アレクセイエフも埒外に置かれていた。

前線の指揮官に「死守せよ」といわず、ほどほどのところで「退け」と命じるクロパトキンの退却命令が理解できないアレクセイエフは腹に据えかねて、直接、ニコライに質した。ニコライのところにはアレクセイエフと同じく退却作戦を知らされていない、他の指揮官からも同様な疑問が持ち込まれると、根が優柔不断なニコライがそのつど場当たり的な指示を出したことが現場の混乱に拍車をかけた。アレクセイエフは詔勅を盾にクロパトキンに作戦の修正を迫り、同じく退却を潔しとしない他の指揮官たちも、公然とクロパトキンの命令に背いた。後方にいて退却命令を出すクロパトキンの判断も首尾一貫していなかったのも事実で、クロパトキンはそれを「誤った情報」のせいにしているが、錯綜する情報に惑わされ、泰然自若としておられなかったあたりが、「司令部付きの副官」の器とされる所以なのである。

その点、わが大山巌総司令官は巌の名のとおり、岩のごとく動じなかった。満洲軍総司令官には、最初、山県有朋の名があがっていた。皇居で行なわれた任命式で、明治天皇から「山県という話もあったが、お前のほうがのんびりしていてセコつかないからよいそうだ」といわれ、「すると御上、自分はぼんやりしているからよいように聞こえますが」というと、天皇は「まあそんなところだろう」といって笑われたという逸話が残っている。

ロシア軍が退却した後の奉天停車場

陣中の大山は、まさにそうであった。沙河会戦で日本軍は苦戦し総司令部作戦室に憂色が立ちこめていたとき、午睡から目覚めたらしい大山がのっそり現われ、「児玉さん、今日はどこに戦いがごわすかな。昼寝もできんほど大砲の音がやかましゅうごわすのぉ」

凱旋してから「一年余の陣中で、どういうことが一番苦しかったか」と聞かれて「そうだな、別にたいして苦しいこともなかったが、そういえば若い者に心配させまいと思って、知ってることも知らん顔をしておらねばならなかったことくらいかな」と答えた。

総大将とはかくあるべきなのである。

奉天大会戦

用兵の乱れは、戦を重ねるにしたがって深まった。奉天大会戦の前哨戦と位置付けられる黒溝台の戦い（一九〇五年一月二十五日～二十八日）の時である。

機先を制したのはロシア軍で、不意を突かれた日本軍は大苦戦に陥る。ここを勝機とグルッペンベルグ率いる第二軍が、さらに攻勢をかける。奉天に通じる要路沈旦堡を巡って日露が、まさに激突せんとした時、クロパトキンはグルッペンベルグに作戦中止と退却命令を出した。敵の兵力を過大評価したクロパトキンは味方の損傷を最小限に押さえようとしたのだが、グルッペンベルグはこれを猛反発、無断でペテルブルグに帰ってしまった。後に大山が「殲滅されるものと覚悟した」と語ったほどの、日露陸戦最大の危機、黒溝台の戦いは、相手のエラーによって、日本は救われたのである。

いよいよ奉天大会戦。

大山は「来るべき会戦は日露戦争の関ケ原なり。ここに全戦役の決勝を期す」と全軍に檄を飛ばした。

一九〇五年二月二十日に始まった戦いは、三月十日に日本軍の勝利で決着した。左右百五十五キロ（ほぼ東京・静岡間）、前後八十キロ（東京・小田原間）の広域に三十二万のロシア軍と二十五万の日本軍が激突したのである。まさに壮大な戦争絵巻である。

勝敗を分けたのは、またもクロパトキンの後退という名の決断であった。日本軍は右翼に第一軍と鴨緑江軍、中央に第二軍、左翼に第三軍を配して包囲する形で奉天に

黒溝台の戦いの日本軍第二師団の前進陣地

陣取るロシア軍を攻めた。

ポイントはロシア軍背後の鉄道にあった。第三軍と鴨緑江軍は大きく迂回して敵の背後を突いた。補給路でもあり退路でもある鉄道を断たれることを恐れたクロパトキンが、後方に戦力を割かざるを得なくなったことから正面の防御が手薄になった。

撃つべき相手が正面にいるにもかかわらず、三月十日、クロパトキンは全軍に鉄嶺まで撤退するよう伝えた。

ロシアの戦史（『ソ連から見た日露戦争』）は奉天大会戦をこう断罪する。

「ロシア軍司令部の行動には、計画らしい断片も見られなかった。クロパトキンは包囲作戦を恐れ、遼陽作戦の時のように自部隊を結集しようともせず、日本軍の攻撃を消極的に撃退しようとしただけであった」

「しかし奉天大会戦は勝者も敗者も作らなかった。日本軍はロシア軍を後退させることはできたが、それ以上の前進はできなかった。ロシア軍が四平街に留まって戦力を回復するのを許してしまった。奉天大会戦は両軍とも手にあまるものであった」

ロシア軍の砲一千二百門、日本軍の砲九百九十門が凍てつく満洲の荒野に炸裂したのである。人的被害はロシア軍九万人、日本軍七万人。まさに人類が経験したことのない壮絶な戦闘であった。

さらに同書は満洲で展開された一年余の戦闘をこう総括。

「戦いはもはや短期間のものではなくなった。そのために指揮の新しいやり方や手段が必要となった。だが両軍の司令部とも、戦闘や会戦にたいして連続指揮を確保できなかった。情報活動が十分実施されていなかったため、戦闘の結果が正確に予知されなかったことから間違った決定が下された」

結論として「情報活動が十分でなかった」と指摘している。戦争において情報の価値が大きくクローズアップされたのである。

第５章　アジアの不可思議

大陸に生きた男たち

情報のことである。

ロシア側の戦史の多くは敗因の一つに「情報活動が十分でなかった」ことをあげている。

日本は情報戦に勝ったのである。開闢以来、日本が関わった戦争で情報戦に負けた話は聞いていても、勝ったという話は寡聞にして聞いていない。そもそも日本人の精神構造の底には諜報行為＝スパイは卑怯だとする意識がある。

そんな日本が、なぜ日露戦争では勝てたのか。伏線の一つに臥薪嘗胆があげられる。いつかロシアに復讐せねばという意識から、日本は早い時期からロシア（シベリア）、中国、満洲に密偵＝スパイを派遣して敵情視察を怠らなかった。これに対してロシアは、もともと日本への警戒心が稀薄であったことから防諜という意識は、ほとんどなかった。

さらにあげれば日清戦争の結果、日中両国民の往来が盛んになったことがある。よもやと思っていた日本にコテンパンにやられた中国は、おそまきながら軍隊の近代化の必要性を痛感し、日本から指導者を招聘して軍の諸改革に取り組んだ。

そこから始まった人的交流は、やがて民に及んだ。中国に留まった日本軍人（応聘将校、派遣将校と呼ばれた）は中国の政情、民情に通じたことから、いわゆる支那通の軍人が多数生まれた。彼らは中国語が話せ、その日に備えてロシア語にも挑戦した。中国語を話し、中国の木綿の服を着、頭を辮髪にした彼らを、ロシア人は日本人と見破れなかった。

当時、アムール河（黒龍江）流域、沿海州にはロシア人を上回る中国人が居住しており、中国人を偽装した日本人がロシア社会に入りこむのはそれほど難しいことではなかった。

極東に関して、ロシアは一般的に外国人に対して無警戒であった、というより東洋人を見縊《くび》っていた。中国人、朝鮮人は敵にも成り得ず、日本人にしても、せいぜい子犬が吠えているぐらいにしか思っていなかった。

日露戦争とこの時代に、いくらかでも興味のある方は石光真清（一八六八～一九四二年、退役時、陸軍歩兵大佐）をご存じだろう。現役の大半を密偵として大陸で過ごした人である。石光の密偵としての任務は、日清戦争の四年後の一八九九年のウラジオストクに始まる。その後、ブラゴベシチェンスク、ハルビン、大連と拠点を移し、時に写真屋に化けるなどしてロシア社会に溶け込んだ。ロシアにとって兵站の命綱ともいえる東清鉄道の精密な地図を手に入れたのも彼だった。

石光がウラジオストクに渡った時、すでに僧侶に扮した密偵・清水松月がいた。誰もが彼を正真正銘の僧侶（西本願寺ウラジオストク別院の住職）と疑わなかった。いざ開戦となると松月は本名の陸軍歩兵中佐花田仲之助に戻って、満洲義軍を結成、戦線の後方においてマトリトフ率いる馬賊隊と壮絶なゲリラ戦を演じた。

最初に外国に目を開いた軍人は川上操六（一八四八～九九年、陸軍大将）だった。参謀本部次長時代の川上は、優秀な青年将校を世界各地に派遣して戦略の研究、情報の収集に当たらせた。川上の死後、川上の意志は川上の薫陶を受けた一人青木宣純に受け継がれた。青木は参謀本部付きの時、一八八四年（明治十七年）、中国に派遣されて以来、北京公使館にあって大陸における諜報活動の中心的人物として活躍する。

日章旗を立てて日本軍の進出を待つ遼陽市民

日露戦争が始まると、青木は特別任務班を結成、四十余名の諜報、破壊工作員を満洲に送り込んだ。

彼らがどこで何をしたかは、後に触れるが、クロパトキンの心胆を寒からしめたのは彼らなのである。

日露戦争の陰のヒーローとして幾度か映像にもなった明石元二郎（一八六四〜一九一九年、当時陸軍歩兵大佐、退役時は大将）がいるが、大佐止まりの石光、中将で終わった青木とは違って、大将にまで上り詰めた明石だが、軍人としての花道を歩いたわけではなかった。明石工作の評価はさまざまで、失敗だったとする向きもある。いずれにせよ諜報活動は失敗して、初めて明るみに出る。評価されなくて当然なので、スパイとはそういうものなのである。ちなみに明石の最後の軍役は台湾軍司令官だった。

話の本筋から外れるが、十九世紀末から二十世紀初頭、日露戦争に至る間のウラジオストクは、さながら密偵の基地のごとくであった。内田良平といえば一九〇一年に大アジア主義と天皇主義を標榜して黒龍会を結成、明治・大正・昭和の右翼活動を主導した人物として知られているが、彼は自身も含めて多数の同志をウラジオストクを拠点にシベリア、満洲に潜入させた。密偵の仕事は過酷だ。孤独と死と背中合わせの単独行動。頼みは強靭な肉体と精神力。シベリア、満洲の荒野を彷徨、時には市井に潜み、極東におけるロシア軍の動静を探るのである。

石光は日露戦争開始と同時に、第二軍司令部付き副官として軍務に復帰。勝手知ったる満洲で縦横の働きを見せる。戦後も満洲に残って、再び諜報の任務に就く。しかし一九二一年、五十五歳で後備役満期となって、一民間人に戻った時の石光は心も体もボロボロだった。石光が生涯をかけた諜報人生は挫折、蹉跌の連続だった。にもかかわらず国家はその労に報いようとはしなかった。所詮、情報将校は裏の任務、使い捨てなのである。しかし明治男の一徹さで国事に尽くす、石光の姿は時代を超えて人々を魅了する。石光の手記（『城下の人』『曠野の花』『望郷の歌』『誰のために』）は今に読みつがれているロングセラーだ。しかし本書に石光、明石の出番はない。

難題山積のロシアの諜報活動

さてロシアだ。

政情が入り組んでいた、この時代のヨーロッパはスパイが暗躍していた。当然、ロシアのスパイも相当に高いレベルにあったが、二十世紀に入って軍事技術が高度に発展すると、次第について行けなくなった。諜報活動に当たったのは主として外交官、駐在武官で、専制体制における官僚組織の腐敗と官僚個々の質の低下とも関連するのだが、彼らはいかなる専門的教育を受けていなかった。陸軍大学に秘密諜報学科が設置されたのは、何と日露戦争後のことなのである。

日本に対する情報活動が立ち遅れたのは、先にも触れたが日本を甘く見ていたからだが、日本に情報のネットワークさえ存在しなかった。ロシアの諜報担当者は日本語がわからなかった。信頼できる通訳がいなかった。ロシアが採用した通訳は報酬次第で、どちらにも転ぶ手合いが、ほとんどだった。

外国人が新聞、雑誌、その他の刊行物を手に入れるのは簡単だが内容を読み取るのは容易ではない。日本語の壁である。一通りの読解力があったとしても、日本社会の仕組み、文化、因習にまでも通じていないと正確なところはわからない。根底には西洋と東洋の違いがある。そうした中で、在日フランス人ジャーナリストのバレーは日本語と日本の文化、習俗をよく知り、ロシアのために働いた、唯一人の人物とされている。

一八九八年から一九〇三年まで武官として日本に駐在したワンノフスキー大佐はクロパトキンの前の陸軍大臣だったワンノフスキーの子息で、陸軍大学を金時計で卒業したエリート。だが赴任してみると、日本に情報のネットワークがなく、日本語を全く解せない彼は、日本の武官が見せたいものだけを見せられる日常活動に嫌気がさし、ほかの武官がそうであったように情報収集への意欲を失った。

ワンノフスキーの後任のサモイロフ大佐は経験豊富な情報将校だったが、彼をしても「日本軍の構成兵員数に関わる一切が機密事項に属し、何らかの情報を得るのは奇貨に類するものであります。外国武官等のもたらす情報は、わが方のそれとは懸隔があり、信を置くに能わずであります」とサジを投げた。

断わるのが遅れたが、この項は『日露戦争の秘密――ロシア側史料で明るみに出た諜報戦の内幕』（訳左近毅、成文社、一九九四年刊）に拠るところが多い。同書は一九九二年に初めて公開されたロシア側の機密史料に基づいて、デー・ベー・パヴロフらによる複数の原著を左近氏が翻訳したもので、日露戦争を諜報面から見た得難い史料といえる。

開戦前、日本に関する軍事情報は、主として朝鮮と中国を経たものがアレクセイエフの総督府を通じて陸軍省に届くことになっていたが、アレクセイエフとクロパトキンとの不仲によって、このルートはほとんど機能しなかった。

一九〇四年十月、クロパトキンが総司令官に就任した以降、情報は本国陸軍省に一括集まる仕組みになったが、出先の内務省、大蔵省、陸海軍の武官が、それぞれの上部組織にしか情報を送付しなかったことから、このシスティムもまた十分に機能しなかった。要するに官僚のセクショナリズムが障害となったのである。

壁は戦場にも及んだ。満洲軍総司令部参謀本部の諜報担当参謀カサゴフスキー少将のボヤきである。

「ハルケーヴィチは自分に邪魔されるのではないかと邪推し、われわれの仕事を妨害する。その卑劣極まる目的を達成して、ロシアの偉業を破滅させようというのだ。ハルケーヴィチは参謀本部の優秀な将校を自分によこさないばかりか、クロパトキンやサハロフら司令部全体を自分に敵対させようと仕向けている。あまり神経に触ることばかりやらかすので、首を絞めて殺してやりたいくらいだ」

仲間内の足の引っ張りあいである。参謀本部の内部がこんな状態ではどうにもならない。その結果、カサゴフスキーは在外諜報機関の武官らと直接コンタクトして独自のルートを作り上げ、クロパトキンに直接情報を上げることにした。先のバレーもそうだが、天津駐在武官のアガロードゥニコフ大佐、パリ駐在武官のサゼラフ大佐らもそうだ。その結果、流れはよくなったが、時は克服できなかった。せっかくの精度の高い情報も後方情報が主で、しかも中国、ヨーロッパを経て届くことから、カサゴフスキーの手許に届いた時は、すでにオールドニュースになっていることが多かった。

ロシアの泣き所

では現場、戦地におけるロシアの諜報活動はどうであったか。

まずロシアは決定的なハンデを背負っていたことをあげねばならない。

一つは言葉。満洲に派遣されたロシア軍将兵に日本語はもとより、中国語、朝鮮語が理解できるものが皆無に等しかった。情報担当将校においてもそうだ。満洲の住人の九十九・九九パーセントは、ロシア人にはチンプンカンプンなナゾの言葉を話す。そんな環境でどうやって情報が収集できるのか。「目隠しされてリングにあがったボクサーのようだった」とある情報将校がボヤくが、まさにそうであったろうと同情する。

さらに加えてロシア人には日本人、中国人、朝鮮人の見分けがつかなかった。われわれが北欧人を見てノルウェー人かスウェーデン人か見分けがつかないのと同じである。中国語を話し、中国人の形をしておれば日本人も中国人なのである。このことは日本にとって、極めて都合がよく、ロシアにとって極めて不都合なことであった。

かくして日本人は容易にロシア人と接触でき、散髪師、洗濯屋、清掃夫に扮すれば、簡単にロシアの施設に入り込めた。ロシアにはそれを防ぐ術がなかった。逆にロシア人は容姿、肌の色から日本人と接することも、施設に近づくこともできなかった。

何とかせねばならないロシアは、現地の中国人、朝鮮人を使って、日本の情報を手に入れようとした。十九世紀後半からアムール河流域、沿海州ではロシア人、中国人、朝鮮人の雑居が始まっていて、片言のロシア語が話せる中国人、朝鮮人が相当数いた。しかし農業、商業などの正業にある者は土地を離れたがらない。集まってきたのは金が目当ての出稼ぎの土工か流民の類いで、軍事のイロハも知らない彼らが持ち込む情報は、かえって混乱を招いた。例えば「○○駅の近くに日本兵が大勢いた。馬もいたし、大砲もあった」といった情報も、部隊名がわからず、どこから来たのか、どこに向かうのかもわからないのである。

ロシアにとって気になるのは日本軍だけでなく、中国の出方もである。中国が戦場となるのを容認したのは遼東地域。満洲の中央を流れる遼河の東側の地域で、西側の遼西地域に立ち入ることは認めなかった。しかしロシア軍にとって遼西は戦略上からも欠かせない地域であった。シベリア鉄道から満洲里を経てハルビンに至る東清鉄道西部線はこの地域を通る。またこの地域から食糧、牛馬を調達することが、最初から予定に入っていた。

遼西地域の安定確保のために、ロシアはさまざまな手を打った。

・一九〇四年二月末、遼西の要路である新民屯＝溝幇子＝営口のラインを確保するためにコロンタエフスキー大尉を派遣した。同大尉はウラジオストクにある東洋学院の中国語科の聴講生で中国語がわかる数少ない将校だった。

・開戦を控えて、ペレヴェゼフ中佐を指揮官とする国境警備隊を遼西地域に派遣。遼河沿岸の警備、奉天から遼陽、大石橋、営口に至る鉄道確保に当たらせた。

・南満を支配している袁世凱、北満を支配する馬占山の軍勢の動向を探らせるため、一九〇四年三月末、ロッソフ大尉をデンマークの新聞記者を装って両軍に接近させた。

・同年四月、コサック部隊のリフキン大尉をロシア人商人に扮させさせて追加派遣。

・新民屯から西に百六十五キロのクーロ、並びに馬占山の騎兵隊が駐屯していると思われる遼西北部に御用商人グロモフを派遣して食糧、牛馬の買い付けと敵情視察を行なわせた。

・日本軍将校が率いる馬賊軍による鉄道攻撃に備えて、鉄嶺以南をリフキン大尉、以北をグロモフに分担させ警備に当たらせた。
・遼西南部の偵察活動を強化するため、中国駐在武官エドゥーリヒン大尉、および山海関逓信局長クルイニンを、主に営口＝山海関地域の監視を命じた。
・遼東の極左翼地域は日露戦争の全期間にわたってマトリトフ大佐の率いる馬賊軍が警護にあたった。同大佐は平時における活動から、同地域のことを知り尽くし、信頼に足る中国人の配下を多数擁していた。
マトリトフはベゾブラゾフの同志で、数百名の馬賊を手足に使って鴨緑江沿岸を、我がもの顔に振る舞っていた。開戦後も日本軍は彼らのゲリラ攻撃に随分と手を焼いたもので、これに対抗したのが清水松月こと花田仲之助率いる満洲義軍であったのは前記のとおりだ。

奉天を放棄した後のロシアの諜報活動は、一層、困難の度合いを深めることとなった。

理由の一つは総司令部が奉天から四平街に移ったことがあげられる。四平街と奉天とは、およそ百キロ離れているが、奉天以南の日本軍との距離がより遠くなったことから、日本軍の動向がさらにつかめなくなった。情報を手に入れてから、日本軍の関門を通り抜けて、四平街に到着するのに七日、あるいは十日かかったという記録がある。

また奉天撤退時におけるロシア軍の周章狼狽ぶりが、中国人に与えた悪印象も大きかった。密偵の多くがロシア軍に見切りをつけた。日本軍がロシア軍と接触の疑いのある中国人を容赦なく処断した影響も少なくなかった。高額の報酬を提示しても、新たにロシアの密偵になろうという中国人がいなくなったのである。

奉天から撤退する際、総司令部の重要書類の大部分が紛失。その中に日本の国内外でロシアに協力する者たちのリストが含まれていたことから、ロシアの諜報網は混乱をきたし、一時停止の止むなきに至った。

ロシアは活動拠点の一部を中国本土の上海、北京、天津などに移して組織の立て直しをはかった。北京駐在の露清銀行重役のダヴィドフは、以前、日本に勤務していたことから日本在住の外国人及び日本人のコネを活用。同時に有能な中国人秘密工作員を満洲に送り込んだ。奉天以南における、いくつかの日本軍施設の不審火、鉄道破壊は彼らの仕業とされている。

ロシアの韓国公使パブロフのルートで有効な情報を提供し続けてきた、前記フランス人バレーは日本に滞在することが危険になったことから上海に移り、さらにペテルブルグに引き上げた後もロシアに協力した。日本の民情、歴史、文学に通じたバレーの情報は、日本と日本人を内面から知る上で貴重であった。

さらにロシア軍は諜報戦のターゲットを日本軍の後方に絞った。一九〇五年六月、選りすぐりの諜報将校と中国人スタッフを山東省の芝罘に派遣。渤海を挟んで大連、旅順、営口の対岸に位置する芝罘を基点に大規模な諜報作戦を仕掛けた。あるグループは法庫門、鉄嶺、開原ら満洲内陸にまで侵入したが、間もなく休戦となったため成果を見ることはなかった。

政商チフォンタイ

四平街の総司令部諜報部の中心的存在は若い二人の大尉であった。ブロンスキーとロッソフ。二人とも中国語が話せ、現地の事情にも通じていた。ロッソフはモンゴルを担当、ブロンスキーはモンゴル以東、主に鉄道沿線を守備範囲とした。

しかしこの際、チフォンタイの存在をあげておかねばなるまい。チフォンタイはロシア国籍を持つ中国人・紀鳳台で洗礼名はニコライ・イワノヴィチ・チフォンタイ。ハバロフスクを拠点とする政商で、ロシアの満洲進出のお先棒を担いで巨万の富を手にした。日本時代、大連の人が親しんだ公会堂はチフォンタイが、散々儲けさせてもらったお礼にロシア側に無償で提供した劇場だった。

チフォンタイの息のかかった者が満洲の至る所にいた。チフォンタイはそのネットワークで以て、直近の生の情報を吸い上げた。

当時、満洲における最も安全な移動、通信手段は網の目のように走る河川と馬車によるものだが、その安全を保証していたのは馬賊。金を払う馬車には馬賊が護衛をつけた。アムール河沿岸で砂金採取にも手を広げていたチフォンタイは馬賊とも深い繋がりがあった。

ロシア側の史料には有力な情報提供者として登場するチフォンタイだが、旅順要塞の落城を描いたステパーノフの『旅順口』ではあこぎな商人として登場する。彼の情報には一つ一つ値段がついていたというのである。

おそらくどちらも本当であろう。チフォンタイにとっては情報も金儲けの手段であったのだ。チフォンタイが持ち込む情報は確度の高いものが多かった。報酬目当ての中国人間諜が持ち込む、日本軍の所持品、小旗、上書きのある封書、布告の類の物的証拠とされるものの多くは偽造で、真贋を選り分けるのに、ロシア当局は随分と苦労させられた。

情報源として日本の新聞はどうだったのか。

「開戦のその日から、日本の言論界は政府の絶対命令を受けた。海軍並びに陸軍の機構、動静、移動に関する一切を秘密にすべしというのである。日清戦争を例に引いて、軍機漏洩は些かであっても敵を利する結果となるとして、情報を漏らさぬ愛国心に訴えたのである。政府のこの呼び掛けに日本の新聞界はどれほど忠実に応えたか。東郷元帥の艦隊、および大山元帥の動静が全く謎に包まれた一事が如実に物語っている」（一九〇五年七月五日の『ジャパン・タイムズ』）

とはいえ複数の新聞から日本軍の情報を探り出すのは可能だった。例えばイギリス、ドイツらの新聞を複数併読することによって、ある程度の情報は得られたが、解読し終えた頃には、ほとんど時効であることが多かった。新聞情報が活用できなかったのは、読む側の読解力にも問題があった。日本軍全体の構成、命令系統、さらに有力司令官の人間関係、軍閥などについての知識がなければ正確に読み解くことはできなかった。

意外な気もするが、ロシア側は日本人捕虜から相当な情報を得ていた。捕虜の多くは威嚇するよりも自尊心に訴えることによって、自ら進んで確度の高い情報を提供したとロシアの記録にある。捕虜が身につけている部隊番号、軍装、軍人手帳なども有力な情報であったが、将校の背嚢の中身、貴重な情報が一杯詰まっているはずの日記、地図の類は手付かずのまま放置された。走り書きの日本文字はさながら、暗号のごとしで解読できなかったのである。

諜報部では『日本陸軍の機構』『軍服の形式便覧』『司令官一覧』を冊子にして前線部隊に配布すると同時に必要な情報をそのつど、印刷して送付したが、印刷の器材が整っていない前線では印刷部数に限りがあって多くは行き渡らなかった。一九〇五年三月になって輪転式謄写版が導入され、千部の印刷が可能になったが、作業工程が複雑で印刷に時間がかかった。また地図の印刷は技術的に不可能であった。

日本の対応

奉天大会戦で日本軍に右翼（日本側からは左翼）を突かれて痛手を被ったロシア軍は、右翼、ことにモンゴルでの警戒を強めた。そんな折、ロシアの補給路の破壊が目的で、日本の大軍が伯都納からチチハルに向かっているとの情報をキャッチして、ロッソフ大尉が自ら乗り込んで調査したところ、日本の大軍の正体は、日本将校が率いる馬賊軍であることが確認できた。馬賊の大軍を率いる日本人将校こそが、青木宣純が編成した特別任務班だった。

日露戦争における日本の諜報、破壊活動は青木を除いては語れない。語れば長くなるので省略せざるを得ないが、一八八四年に中国に武官として派遣されて二十年、中国問題に一筋打ち込んだ青木が引退を決意して、一九〇三年、一時帰国していた際、予期せぬ児玉源太郎の訪問を受けた。この時、児玉は満洲軍総参謀長への就任が決まっていた。

「野戦も大事だが、もっと重大なことがある。諜報だ。この任務をまっとうできるのは貴公しかいない。貴公は袁世凱とは昵懇だ。これを利用しない手はない。ご苦労だが、もう一度、お国のために一肌脱いでくれまいか」と持ちかけられると、ロシアに蹂躙されている中国の苦況がわかっている青木の血が騒ぐのである。

児玉が求めた一肌の中身は以下のものだった。

・日中共同で、敵情探知の機関を組織すること。

・敵軍背後の鉄道線を爆破すること。

・馬賊軍を編成して、敵の背後を襲うこと。

児玉は具体的な用件を切り出した。青木は一切の条件をつけず承諾した。青木と袁世凱の仲は日清戦争以来。予期せぬ大敗北にショックを受けた袁世凱は軍の改革を、昨日の敵の青木に委ねた。しかし思い切ったことをするものである。

児玉の依頼を受け北京に向かう途中、青木は天津に立ち寄って袁世凱と面談、大筋での協力を取り付けた。

当時、北京を中心に大小三十余の塾のようなものも含めて日本人学校があった。大陸に志を抱く若者が中国に渡っていた。軍人も民間人もいた。青木は彼らの中から四十名を選抜、特別任務班を編成した。

一九〇四年二月四日、御前会議によって、日本は開戦を決めた。翌日、参謀本部から青木に急電が届いた。「北京から東清鉄道西部線の博克圖を経てロシア本国に繋がる電線を切断せよ」というのである。この電線は前年カシニー条約によって架設されたばかりで、五日、北京を発った破壊工作隊は八達嶺の山中で電線の切断に成功した。

清国北洋大臣袁世凱

かくしてロシア本国と北京の通信が断たれた。また別の班によって営口・普蘭店間の電線、芝罘・旅順間の海底ケーブルが切断されたことで、遼東半島、なかんずく旅順が孤立した。このことが旅順要塞攻防の際、どれほどロシア軍に不利に、日本軍に有利に働いたかは断わるまでもないだろう。

だが青木工作の本番はこれからであった。青木は四班に分け、それぞれに任務を与えた。

第一班

第一分班　班長歩兵大尉伊藤柳太郎ら六名。

第二分班　班長横川省三ら六名。

第二班

班長歩兵大尉津久井平吉ら六名。

第三班

班長歩兵大尉井戸川辰三ら十名。

第四班

班長歩兵大尉橋口勇馬ら十名。

それぞれの任務は第一班は東清鉄道西部線の破壊。第一分班はハイラル（内蒙古自治区）に向かい、第二分班はチチハル（黒龍江省）へ。第二班は東清鉄道東部線破壊のため牡丹江（黒龍江省）へ。第三班は内蒙古、彰武（遼寧省）を拠点に馬賊と共に長春以南の鉄道破壊、後方撹乱、諜報活動を行なう。ロシアの手がすでに入っているこの地域での活動を可能にしたのは袁世凱の支援があったからだ。

日本軍の諜報員、前列右より沖禎介、横川省三

中でも今日、横川省三、沖禎介の名が突出して伝わっているのは、彼らが属した第一班第二分班が爆破目標の嫩江鉄橋を目前にして、ロシア軍に捕縛されハルビンで銃殺された悲劇的な結末からであろう。当時の国民は二人の行動と最後の潔さを「志士の鏡」として熱狂的に崇めた。現地ハルビンの他に日本国内四ヵ所に二人の慰霊碑が建てられたことからも、国民の熱狂ぶりがうかがえる。

ロッソフが指摘する馬賊を指揮する日本人将校とは井戸川か橋口だ。井戸川と橋口は馬賊軍団を率いて、奉天以北の鉄道、ロシア軍施設を襲ってクロパトキンの心胆を寒からしめた。

余談になるが、張作霖がまだ一介の馬賊の頭目であった頃、ロシア軍に加担した疑いで獄につながれていたのは井戸川の縄張りの新民屯だった。彼の挙動から殺すには惜しい男と判断した井戸川は田中中佐を通じて児玉に助命を嘆願。自由の身となった張作霖は日本軍のために働く。旅順陥落直後の一九〇五年一月七日、猛勇で名高いミスチェンコ中将率いるコサック騎兵集団が営口奪回を目指して南下した時、ミスチェンコ隊を背後から襲ったのは張作霖だった。

乱世を生き抜いた張作霖は後に満洲王となる。田中中佐は田中義一で、張作霖が日本軍人河本大作らによって爆殺された時の首相だ。張作霖は田中によって助けられた命を、田中によって奪われたともいえるのである。皮肉な巡りあわせだ。

筆記体の日本語が読めない

余談が過ぎた。先を続ける。

通訳である。通訳のこともまたロシア軍の悩みの種だった。行動範囲が広がるにしたがって日本語、中国語に加えて朝鮮語、モンゴル語の通訳までが必要となったが、量的にも質的にも問題があった。

日本語　全軍で日本語の通訳は十一名しかいなかった。内八名がウラジオストクにある東洋学院の関係者だが、活字の日本語は読めても、筆記体の日本語が読める者はチハイ一人しかいなかった。本当に必要な情報は印刷された活字より、将校の日記、メモに秘められてあったのだが、彼らの目には古代絵文字にしか映らなかった。

中国語　東洋学院は中国語が主体であったことから、中国語の通訳は日本語に比べて状況はよかった。中国語科を修了した士官、動員された教授、学生などで必要は満たされていた。しかし末端の戦闘部隊に属する通訳は著しく程度が落ちた。軍の内部での出来事を外でペラペラ喋り、それが村人を通して日本軍に伝わる。防諜の義務も意識も低い、彼らの口は塞ぎようがなかった。

朝鮮語　朝鮮と隣接する南ウスリー地方には朝鮮から移住してきてロシアに帰化した朝鮮人が相当数居住していたが、農家の彼らは軍に帯同することを望まなかった。

モンゴル語　司令部にはモンゴル語が理解できる将校は二人しかいなかった。モンゴル系民族でロシア化したブリヤート人の兵士にはモンゴル語が話せる者がいたが、彼らも諜報に関する意識は低かった。

先のチハイは東京生まれ東京育ちのロシア人。父は大使館付きの礼拝所の司祭。開戦と同時に満洲軍司令部に配属となり、各地から転送されてくる、さまざまな文書の解読に忙殺された。一人で手に余していたところに、仁川のロシア公使館に通訳として勤務していて、後に東洋学院の日本語講師となったハルピルメンが現われた。彼は日本語の筆記体が解読できた。

東洋学院の聴講生、学生が果たした役割は大きかったが、彼らの語学力が現場で十分に真価を発揮するに至らなかったのは、学院で使う読本が日本文字ではなく、ロシア語であったことがある。彼らは漢字に馴染んでいなかったし、発音も日本のものではなかった。日本人が聞いたら、何語かわからない日本語を喋るのである。カタカナやローマ字のルビがふってある英語で英語を習った、戦後、日本の英語教育と似たものがある。

ロシアのスパイ対策

ロシア軍の諜報機関にはスパイ対策、すなわち防諜に関する項目がなかった。いざその必要に迫られた時は、取り締まる憲兵の絶対数が足りなかった。一九〇四年末で、わずか半個中隊、戦争末期には四個中隊にまで増員されていたが、専門の教育を受けた者が少なかったことから、実効をあげるには至らなかった。

スパイ事件の裁判審理も同様。事件の提訴から結審まで半年以上かかるケースがマレではなかった。

横川と沖のケースはどうであったか。二人が逮捕されたのが四月十一日、処刑となったのが四月二十日と異例といえるほど早い。急いだ理由はわからないが、ロシアが二人の命をぞんざいに扱ったからではないことは、クロパトキンがニコライに助命を嘆願したことからもわかるが、ニコライはこの要求を退けた。ロシア軍の士気を鼓舞し、軍事裁判の威信にかけて処刑すべしとしたとあるが定かではない。確かなのは、極めて事務的に裁判が行なわれ、死刑が確定し執行されたということである。

ハルビン市臨時軍法会議判決の記録が残っている。

一九〇四年四月七日（西暦では二十日）、皇帝陛下の勅命によりハルビン市臨時軍法会議を開催。（一部略）日本国籍横川省三三十四歳、沖禎介三十一歳、前者は自称日本軍中佐にして、後者日本軍大尉の事件を審理した結果、（法規名略）これを有罪と認める。

判決。

一、以上の罪状により、同被告より一切の公民権を略奪し、絞首刑に処すものとす（著者註、実際は銃殺刑）。

二、事件に関わる物的証拠は本国条令

ロシア軍に捕らえられた日本軍のスパイ

によって処理する（著者註、二人は手持ちの銀と銀の手形をロシア赤十字に寄付）
三、本件に関する判決は、満洲軍司令官の最終査問を経るものとする。
議長、アファーナシェフ大佐。
立会人、カリプチェフスキー中佐、プロトゥニコフ中佐。

ではハルビンの一般住民は情報とどう関わっていたのか。ハルビンには中国人、ロシア人のほかにもユダヤ、アルメニア、トルコ人などヨーロッパ系民族が雑居していたが、住人の多くは危険を冒してまで、情報に関わろうとはしなかった。ただし中国人はそうではなかった。情報に関わることは危険だが金になるからだ。そこにもチフォンタイの力が働いた。ハルビンから公主嶺にかけて存在した日本側に通じるスパイが大量検挙されたのはチフォンタイらによってである。

中国人に成り済ました日本人スパイは、ロシア人の目は騙せても中国人の目は騙せなかった。まず言葉だ。日本人工作員は北京で教育された関係で、話す言葉は北京語だ。短期間にたたき込まれた中国語だから、中国人が聞けば、たちまち化けの皮がはがれる。満洲に居住する中国人の大半は山東、もしくは河北からの移住民で、北京語に近いが、それぞれに訛りがある。山東訛りでもなく河北訛りでもない、日本訛りのある北京語は、いやでも目立つ。満洲族の風習である辮髪を嫌う漢族のために、北京では辮髪のカツラが売られていることは、先にも書いたが、ロシア人は辮髪がカツラかどうか見分がつかなくても、中国人はたちまち見抜く。

現地の中国人が日本側に内通するのは、ロシアが嫌いとか日本贔屓とかいうのではなく、そうしないと日本軍から酷い目にあわされるからだとロシア軍は思っていた。それも反面当たっている。日本軍は占領地に軍政を敷いた。安東、営口、大連、金州、復州などに数十名の憲兵を配置した。名目は治安の維持だが、実際にやったことはロシアに内通する中国人の検挙であった。疑いのある者は片っ端から拘留したことは日本側の記録にも残っている。

チフォンタイの正体

以下は一九〇五年五月二十九日、チフォンタイがロシア軍総司令部参謀次長オラノフスキー少将に宛てた報告書である。

ハルビン行きは成果がありませんでした。同市はあまりにも巨大で人口が多すぎて、作業を手早くすませることはできませんでした。ハルビンに二週間も逗留するはめになり、密偵たちのあらゆる努力にもかかわらず、何も発見できませんでした。

ハルビンを去るにあたりまして、中国人士官リーシンプーの手元に、われわれの密偵のうちから十名を残し、日本側スパイを監視、捕捉させることにしました。ハルビンから戻ってわかったのですが、ご存じのとおり敵側が厳戒体制を敷いているためで、われわれの偵察員はほとんどいずれも目的を果たさず帰還いたしました。

奉天付近は偵察を行なうのに適していました。敵陣に近いためと情報を得るのに格好の地点に恵まれ、営口、新民屯同様、遅くても三日で入手が可能でした。

逆に現在は情報を入手するのがひどく大変です。日本軍の占領地域ではことのほか監視が厳しく、密偵の潜入する隙がありません。一例をあげますと、開原では情報は早くても入手まで十日はかかり、同地から偵察員が戻っても時間がかかりすぎて、閣下にお渡しするすべての情報が陳腐化し、味方の軍隊はもとより司令部に誤断を与えることになります。

閣下もお聞き及びと思いますが、最近、私は諜報活動の仕事にチャンチェンユアン大佐を引き入れました。この方は全身これロシア贔屓で、頭脳程度も高く、強固なエネルギー、進取の気風に富んでいて、味方に益するもの大なるものがあります。

チャンチェンユアン大佐と相談して撹乱工作のための部隊を編成することにしまし

た。部隊長に〈ピントゥイ〉の姓でチャンチェンユアンがなります。部隊は五百騎の馬賊で構成します。同部隊の狙いは敵後方を撹乱し、急襲をかけ、軍倉庫を焼き打ちにし、日本側の通信、鉄道網を破壊し、諜報活動を行なうにあります。

本部隊の武装用として、私個人の責任において三年式騎兵銃四百梃、必要上の実包と共に交付願えませんでしょうか。必要がなくなりましたら、員数を確かめて返却申し上げます。

本部隊の為すところを検認していただくために、閣下のご裁量により将校か下士官一名に騎兵若干つけてお届け願うことが必要です。部隊の後尾に常駐させることになりますが、行動の自由を保証するため、部隊長の指揮には介入を絶対控えていただかねばなりません。

チャンチェンユアン大佐は無報酬でもかまわないと申しております。隊員の俸給、その一切の糧抹と馬匹は、私が私財を投じて支弁します。本部隊が有益でしかも任務をきちんと果たしていることが、後日判明した暁には、出来ますれば満洲総司令官閣下から政府にお願いしていただき、部隊経費をご返還ください。本部隊が妥当でなければ、ご希望に従いただちに解散させまして、それに要した費用は、私が負うこととといたします。

ご誓願の結果につきましては、何卒お知らせくださいますよう。私は目下、公主嶺に滞在中ですが、必要ならばご召喚に従い。チャチェンユアン大佐同伴でお伺い申し上げることができます。

閣下に深甚の敬意と恭順を表します。

署名・ハバロフスク第一ギルド商人チフォンタイ。

満洲におけるチフォンタイの存在の大きさがうかがい知れる。満洲軍総司令部におけるチフォンタイへの信頼が、かなりのものであることがわかる。丁重である。頭が低い。しかしそれにしてもこれほどの忠誠心がどこから出てくるのか。それを裏付けるのに、こんなエピソードがある。

諜報活動を指揮したオラノフスキー少将（中央）

ロシア軍が金州・南山を放棄する際のこと。旅順のステッセルから大連市長のサハロフに港湾施設、発電所、鉄道工場、軍事資材、食糧備蓄倉庫などを破壊した後、大連を引き上げるよう指令があったにもかかわらず、サハロフはチフォンタイと共謀して指令の発表を故意に遅らせた。時間切れを狙ったのである。爆破に要する時間がなくなったことから、施設の大部分が無傷のまま残った。（他に火薬が足りなかったという説もある）

なぜか。市長公舎などの不動産をチフォンタイが相応の価格で譲り受ける密約ができていたからである。その代償としてチフォンタイはサハロフの満洲脱出に手を貸した。一旦、旅順に潜んだサハロフのその後が不明なのは、チフォンタイが船で密かに脱出させたからとされている。移送先はチフォンタイの本拠地ハバロフスクとされているが、その後のサハロフについては、一切の記録がない。

また日露戦争後、チフォンタイがどうなったかもである。これだけ深く戦争にからみ、巨利を漁ったチフォンタイをロシアの革命勢力が見逃すとはとうてい思えないが、少なくとも歴史の表舞台にチフォンタイの名は見られない。

第6章　その時、ロシア陣営は

戦争と愛国心

ロシア人による日露戦争に関する著作で、日本で広く読まれているものに『旅順口』（A・N・ステパーノフ著）と『ツシマ』（N・プリボイ著）がある。前者は題名どおり旅順攻防戦を、後者は日本海海戦（対馬沖海戦）を描いたものだが、司馬遼太郎氏の両著に対する評価は厳しい。

司馬氏は『旅順口』に「旅順口について」という題の序文を寄せている。

「訳者は日本人の作戦の成功は、すべて悪評や奸智から出たものであるとし、一方、ロシアの愛国的将校と兵士は、その燃えるような愛国心をもってこれを防ぎ、日本人に出血を強い、あやうく日本をして〝破産せる勝利者〟たらしめようとした、という意味のことを書いておられる」

『旅順口』(袋一平・正訳、一九七二年、新時代社)の著者ステパーノフは旅順要塞内にあって陥落までの自身を体験をベースに、『ツシマ』(上脇進訳、一九八四年、原書房)の著者プリボイは戦艦アリョール号(日本海海戦で大破、日本に捕獲された後「石見」となる)の一水兵として日本海海戦を戦った体験にもとづいて書かれた。形式は小説だが、今日でいうノンフィクション・ノベルで実録に近いといえる。

『旅順口』の日本語版が刊行されたのは一九七二、昭和四十七年のことで日露戦争から六十七年が経っていた。原著がいつ書かれたかは明記されていないが、巻末の「訳者解説」には「革命後になってもなおこのテーマととりくんだ作品は姿を見せなかった。芸術的労作としてはノヴィコフ・プリボイの『ツシマ』が、ほとんど唯一のものであろう。(中略)そこへA・N・ステパーノフの一大ロマン『旅順口』が突如としてあらわれたのである」とあることから、『ツシマ』より後なのであろう。

『ツシマ』がロシアで刊行されたのは一九三三年。日露戦争が終結して二十八年、ロマノフ王朝が崩壊して、新たな政治体制・ソヴィエト政府が成立して十六年後のことだ。『ツシマ』日本語版の刊行は一九八四年だが、それ以前の一九六六年に『バルチック艦隊の遠征』『バルチック艦隊の壊滅』の二分冊で刊行されていた。ともに版元は原書房、訳者も上脇進で『ツシマ』は前記二冊を一つにまとめた、いわば改訂で、題名を原題の『ツシマ』に改めた。

先の司馬氏の序の続きだが、「ステパーノフもプリボイも、どちらも日露戦争の現場体験者だったということで共通している。かれらは、その錐をもみこんだように深い体験の傷口を純文学風に舐めつづけるということをせず、傷口のまわりの変色した組織をしらべ、化膿の状態や生体そのものの状況を全体としてとらえるという作業を戦後に仕直すことによって自分の傷をロシアの傷として拡大することに成功した」としている。

「ロシアの傷」のロシアとは、もとより帝政ロシアのことで、「恥ずべき敗北に導いたものはロシアの民衆ではなく、独裁政治であった」というレーニンの言葉に通じる。

ちなみに『ツシマ』は一九三三年に、『旅順口』は一九四五年にともに、当時、ソ連における最高の文学賞であるスターリン賞を受賞した。一九三〇年代はスターリンと対立する、あらゆる既成勢力が「人民の敵」として粛清された、スターリンによる独裁時代の始まりだったという社会背景とも重なっての評価で、『ツシマ』は世界各国で百五十万部が売れたベストセラーとなった。『プラウダ』は「最初の一頁から最後まで一気に読ませる作品である。言葉の多様性と主題のハーモニーと、社会的深刻さとスケールの大きさは、大衆にしっかりと受け容れられるものである」と激賞。
戦争と愛国心は不可分の関係にある。二つの作品の根底にあるのは、熱烈なロシアへの愛国心だ。戦場で人を殺すという行為を正当化するには愛国心という後ろ盾が必要なのは、時代、民族、宗教、肌の色の別はない。同時に戦時下の愛国心が歪なものになりがちなことも事実で、「鬼畜英米」という言葉が、われわれの国で叫ばれたのは、そう遠い昔ではない。平時では考えられもしないことを、普通の人間がやれる状況を作り出すのが戦争なのである。

司馬氏が『旅順口』を手にしたのは「一億総玉砕」の余燼が、いまだくすぶる一九五〇年、昭和二十五年のことで、著者にも訳者にも好意が持てなかったのは、読んだ時代のせいもあったとも司馬氏自身言及している。

愛国心が危険な要素を孕んでいるにせよ、愛国心抜きに戦記は成立しない。人が人に向かって銃弾を発射すること、銃剣を突き刺すことは正常な神経ではできることではない。

戦争の熱が冷めると、戦記の多くは読まれなくなるのはそうした後ろめたさがあるからであろう。「勝った勝った、また勝った」は一時的な興奮は呼ぶものの、普段の生活が戻り、その背景にある人の死を思う時、それが敵であれ味方であれ、決して心地よいものではないからである。日露戦争直後の雨後の竹の子のように世に出た戦記の多くは、軍当局の検閲を得た、勝ち戦のことばかりで、日本にとって都合の悪いことは書かれていない。日露戦争から百年が経った今日でさえ、この傾向なしとはいえないのは元がそうだからである。

『旅順口』も『ツシマ』もロシア敗北の大絵巻だ。にもかかわらずロシア国民に広く読まれたのは、司馬氏の言葉を借りれば「『ツシマ』にせよ『旅順口』にせよ、広い意味での革命文学でありながら、その主題は社会主義的課題よりも、高級軍人をふくめたロシアの国家機能の無能と腐敗を衝くことに据えられているのはロシアを知る上でじつに興味ぶかい」ということであろう。つまり敵は日本でありながら、もう一つの敵、すなわち専制体制の支配層を悪玉に仕立てることで、ロシア国民の愛国心を満たし、同時に読み物としての完成度を高めているからであろう。

戦争は一方の国が自国の正義を振りかざし、相手国の正義に耳を傾けないことから起きる。アメリカが自分たちより長い歴史と文明を持つイスラム国家に、自分たちでさえ手に負いかねている民主主義、人権主義を押しつけようとしているのは、傍で見ているのは滑稽以外のなにものでもない。アメリカにかぎらず白人国家がイスラム国家の正義に耳を傾ける度量があれば、これほど紛争が泥沼化することはなかった。最初に度量を示すのは強い立場の側、すなわちアメリカ、白人国家なのである。

本題に戻ろう。その時、ロシアの陣営はどうであったか。日本側からは見ることのなかった、相手陣地のその時を覗いて見ようというのである。物事は表と裏から見て、初めて全体が理解でき、それが歴史に求められるのはいうまでもない。

当然、日本側とは異なった記述、側面を見ることになる。驚きもある、義憤もある、得心がいかないものもあろうが、それが戦争の実態なのである。なるべく多くの具体例を示したいが紙幅に限りがある。

ステッセルの虚飾

まずステッセル。旅順開城の際、ロシア軍代表として水師営に赴き、降伏文書にサインしたステッセル（陸軍中将、関東軍司令官）は、日本では長らく名将とされてきた。

ステッセルの名を日本中に知らしめたのは歌『水師営の会見』である。

昨日の敵は今日の友
語ることばもうちとけて
かれはたたえつ、かの防備

かれはたたえつ、わが武勇
かれとはステッセルで、乃木希典（大将、第三軍司令官）が名将ならばステッセルも名将であらねばならなかった。

ところがロシア側のステッセルの評価は最悪。要塞を統率する能力無しとのことで、一度は解任された人物だった。そのことは後に触れるとして、ここではステッセルの人間性を物語るものとして『旅順攻防回想録』（イム・コスチェンコ著、樋口石城訳、新時代社、一九七三年）からこんなエピソードをとりあげる。

事はサイゴン（ホーチミン市の旧名）で起きた。ロシア将校には捕虜として日本に抑留されるか、帰国するかを選択する権利が与えられたが、著者のコスチェンコは帰国を希望。一九〇五年一月十二日、大連を離れて長崎経由で二月二十日に帰国したが、コスチェンコと同じ船にステッセルが乗っていた。船がサイゴンに寄港した際、フランスの将校たちが一行のために設けた歓迎会の席で、ステッセルは要塞を明け渡したのは、次のような事情によるものだと弁明した。

「旅順要塞では二十五ウェルスタ（約二十六キロ）にわたる戦線に合計八千の防衛兵（？）しかいなかったので、日本軍は城中に突撃して占領することもできたし、彼らにいったん占領されれば負傷兵もすべて虐殺される恐れがあった。私は虐殺を避けるために要塞を開城する決心をしたのである」

これにコスチェンコが疑問符を投げかける。まず八千人という数だが、大連に移送される際、旅順の停車場に現われたのは二万八千人だった。それ以前にコスチェンコが要塞司令官のスミルノフから聞いた戦える将兵は一万八千人だった。ステッセルは後に「健康な防衛兵は八千人で、開城の際、逃亡兵、病気回復者が現われたので、この数になった」と弁明したが、一万人余もの逃亡兵が、狭い要塞のどこに隠れていたというのか。ステッセルはその立場から、もはや要塞軍には防衛能力がなく降伏もやむなしと、己れの判断を正当化するために八千人と数を偽ったのであろうが、スミルノフもコスチェンコも武器、弾薬は十分とはいえないまでも、バルチック艦隊が到着するまで、何が何でも要塞を確保せねばならず、一万八千人の将兵は戦う意志を失っていなかったという。

無事、帰国したステッセルはニコライに拝謁が許され、一時は英雄として扱われたが、数ヵ月後に「ぶざまな旅順明け渡し」の罪で軍法会議にかけられ銃殺刑を宣言された。その後禁固十年に減刑され獄舎につながれたものの、一九〇九年には恩赦で保釈となり、一九一五年密かに没した。

『旅順攻防回想録』は一九一一年、明治四十四年に『屍山血河』という表題で日本に紹介されていた。訳者は樋口石城、出版社は海文社。樋口氏は明治の初期、お茶の水のニコライ神学校でロシア語を学び、成績優秀であったことからロシア本国の神学校に留学を許可され、後に日露戦争にも従軍したという経歴の持ち主で、一九七三年の新時代社版は、およそ半世紀ぶりに現代文に改められた改訂版だ。

コスチェンコ作品の全編を貫くのは「祖国のために勇戦奮闘したロシア兵の精神の偉大さ」である。大和魂、ジョンブル魂、ヤンキー魂があるようにロシア魂があるのである。

だがコスチェンコは冷静に判断する目も持ち合わせていた。強奪した領土を守り切るのが、いかに困難であるか。そのために国家は為すべきことがあるのに怠ったことが旅順の悲劇を生んだと手厳しく批判。アレクセイエフは「海軍のことも陸軍のことも知らないで、いたずらに武力をひけらかし、故意に戦争を挑発した」。ウイッテは「旅順要塞に当てるべき予算を大連港に注ぎ込んだだけでなく、巨額の建設費が横領されるのを見逃した」。ベゾブラゾフは「鴨緑江開発が日本、イギリスを敵に回すことなど考えてもいなかった」。クロパトキンは「本来、陸軍大臣としてやるべき

ロシア関東軍司令官ステッセル陸軍中将

戦争準備、兵員の補充、速射砲の改良を行なわず、優秀な指揮官の養成を怠った」とバッタバッタと撫で切った。

その時のハルビン

コスチェンコがウラジオストクの極東艦隊勤務から旅順要塞勤務を命じられて陸路を移動の途次、ハルビンに着いたのは一九〇四年二月二十六日のことで、戦いはすでに始まっていた。日本海軍による旅順港閉塞作戦が始まったのは二月十四日。

以下はその時、コスチェンコの目に写ったハルビンの姿である。

「ハルビンの駅舎は上級待合室、下級待合室、役員室の三つに分かれていて、どれも木造の小屋という粗末なものだった」

ロシアがハルビンを東清鉄道建設の拠点と定めたのは一八九八年。駅舎らしき建物が建設されたのは鉄道の仮営業が始まった一九〇一年のことだが、現存する写真で見る駅舎は、後のアールヌーヴォーという最先端の様式で建てられたハルビン駅からすれば小屋としか表現がしようがない。シベリア鉄道の終端駅であるウラジオストクには、この時、すでに黒煉瓦造りの重厚な駅舎が建っており、コスチェンコの目に小屋と映っても不思議はない。

「隙間風が吹き込む下等待合室は座る場所がないほどの混雑で、粗末な野良着、着古した軍服を着た大勢の男たちが立ったまま肩を寄せあっていた。聞けばこれから戦場に向かう兵士だという。上等待合室も似たようなもので、さまざまな兵種の軍人、官吏ら男らに混じって、乳飲み子を抱えた女性の姿もあった。食堂は順番待ちの長い行列ができていた。

そこで出会った某将軍はハバロフスクから満洲に旅団長として出征するのだが、兵員は掻き集めの予備兵ばかりで、足りない銃、防寒服の到着を待っているのだという」

コスチェンコは夜中にハルビンに到着した軍用列車に連結した一両に乗ることができた。一昼夜かかって奉天に到着。奉天は以前半年ほど滞在したことがあったが、その時の駅は大勢の中国人で賑わっていたが、今は警備の兵士の他に人影がない。ハルビン・奉天は約五百キロ、およそ東京・京都間が、なぜそんなに時間がかかるのかといえば、当時の燃料は石炭ではなく木材で、時速はせいぜい二、三十キロ。しかも単線だから衝突を避けるための待機線が随所にあった。駅の数より待機線、給水所の方が多かった。

遼陽では「旅順は、すでに日本軍に占領された」との風評を耳にする。普蘭店は満洲と関東州との境界線で、ここまで来れば旅順はもう近い。途中の橋の上に大砲があるのが見えた。同乗の国境警備隊の将校によれば、せっかくの大砲だが閉鎖器が別のものが送られてきたので使えないという。

旅順到着は三月二日。当時の旅順の模様は、後の旅順の項に譲るとして、話をハルビンに戻すと、同じ時期のハルビンを見た別人がいた。ドイツの通信社からロシア軍従軍記者として派遣されたマックス・ベールマンが三月十一日に最初に発信した記事がハルビンからだった。ベールマンは著書『弾痕』（斎藤鉄太郎訳、明治出版社、一九一二年）の中でハルビンについてこう述べる。

「さて戦地とはかかる光景のものであろうか。これまで予が想像した戦地との差、実に氷炭月鼈《ひょうたんげつべつ》もただならぬものがある。ここハルビンは満洲の関門、ロシア軍作戦地の脊髄ともいうべき地であるが、昨夜、戦場の入口たるハルビンに来て見たところ、四辺の光景はアジア臭味を帯びた一大未開地であるにもかかわらず、市内はいたるところ遊戯歓楽に耽り、二ヵ所の劇場は、いずれも喜劇を演じており、舞踏場はいずれも醜業婦らに満たされ、倶楽部という倶楽部に集まった会員は盛んに賭博に溺れ、幾枚の百ルーブル紙幣が惜し気もなく甲から乙に支払われている。また路上には美服をまとい、盛装を凝らした将校官吏らの妻子が豪奢なる馬車を東西に走らせ、媚態を作った赤十字の看護婦やしゃらしゃらした美人は燦然と磨き立てた靴をうがっている紳士、シルクハットをいただける富豪、請負師らと携えて闊歩し、各所の飲食店内はシャンペンの流れ河をなす有様。

その間にあって出征の兵士はことごとく髭ぼうぼうと乱れ、顔色煤け、肉落ち、見る者をして幾百万の露軍農民は草根木皮を食べるにあらずやと疑わしめた」

先のコスチェンコはハルビンの街を見るまでもなく、南下する列車に乗ったが、ベールマンは遠路はるばるドイツからやってきて、ハルビンで足止めを食い、その憂さ晴らしもあってか八つ当たりしているようにも思えるが誇張はあってもウソではなかろう。

外国人記者団を足止めしたのはアレクセイエフで、見られたら困るのか、知られたら都合が悪いのか、この後も記者団はアレクセイエフに振り回され、満足な取材もできず満洲を後にすることになる。

実は石光真清はこの時期、まだハルビンにいた。おそらくハルビンを離れた最後の日本人であったろう。石光が経営する写真館にロシア憲兵が踏み込んだのは二月三日。憲兵は強制退去を告げた。

『引き揚げよう、われわれの任務は終わった。万事終わった。引き揚げよう』と、仲間に手をさしのべた。苦しくもあり楽しくもあったこの四ヵ年、私にとって生涯忘れることの出来ない四ヵ年であった。私は手持ちの現金千五百ルーブルを内ポケットにねじ込んで、毛皮の外套を引っ掛けて玄関を出た。

一同は憲兵に護衛されて駅に着き三等車に乗り込んだ。憲兵も一緒だ。奉天で身体検査を受けた。何も問題はなかったが、内ポケットの千五百ルーブルは憲兵のポケットの中に移ってしまった。

避難民は大石橋で二分され、私は旅順に、一部は営口に送られた。私たちは旅順から芝罘経由で帰国の途についた。

私は乏しい路銀で妻子の待つ東京へ急いだ。しかし私は知らなかったが、帰還の途中、第二軍司令部副官として、すでに召集されていた。私は再び軍服を着用し、剣を吊って、万歳の嵐と日の丸の小旗の波に送られて、また満洲の曠野に立ち戻ることになった」(『曠野の花』から)

その時の大連

一九〇四年五月五日、第二軍（司令官奥保鞏大将）は遼東半島の塩大澳に上陸。五月二十六日、金州・南山を占領。翌日、石光真清は奥の命令で単身騎馬で、大連に向かう。隠密行動だ。この時はまだ大連はロシアの手にあると思われていた。現在は大連市の一部になっているが、金州と当時の大連とは三十数キロの距離があった。石光にとっては通い慣れた道である。大連には石光が諜報の隠れ蓑に使っていた田中写真館がある。そうとは知らないアレクセイエフが盛装して訪れたことがあった。胸を張って写真を撮らせたものだった。

以下は大連に到着した石光の目に映った光景である。

「大連に至るまでロシア軍が撤退して行った道や橋は破壊されていると思っていたら、意外にも何の被害もなかった。それよりもっと驚いたことは、用心しながら密かに進入した大連市街が、戦前の姿をそのままに石造りの欧州風の街並を整然と私の眼の前に並べたことであった。ただ人間だけが一人の姿もなく消え失せていた。私は多少の不安を感じながら、石畳の街路を馬の蹄の音を高く響かせながら駆け巡った。どこにもロシア兵の跡もなく、破壊の跡もなかった」

以上は『望郷の歌』からの引用だが、先に述べたサハロフとチフォンタイの密談の中身を裏付けるかのように、大連はほとんど無傷だったのである。

五月二十六日、金州要塞を放棄し撤退を決めたフォーク第四極東シベリア狙撃師団長は「ダーリニイ（大連のロシア名）に撤退を知らさねば」という部下の進言を「そんなことは後だ。とにかくここを逃げ出すのだ」と退けた。金州を攻略した日本軍の次のターゲットが大連とわかっているのにである。

さて同日の夜の大連。サハロフとチフォンタイとの間に密約のあったことは、先に触れたがその続きの核心の部分である。以下は『旅順口』からの抜粋である。

チフォンタイ「この都市と港の建設を一億ルーブルで請け負って一千万ルーブルの身代を作って、会計検査院の検査にも触れなかった、あなたは手品師か魔法使いといわねばなりますまい」

サハロフ「とんでもない、あなたには到底及びませんよ。何しろ旅順の半分はあなたのものというではありませんか。製粉所も酒造所も劇場、酒場、阿片吸引所、発電所、それに港に並ぶ倉庫の半分はチフォンタイのものですよ。その上、あなたは今、私の財産をタダ同然で取り上げようとしている」

二人はサハロフが大連に置き残すことになる財産の処分と、旅順にあるチフォンタイの財産について話し合っているのである。チフォンタイは徹底的に買い叩く腹で、改めて自分名義となる財産を守るために、危険を冒しても大連に残るつもりでいたが、一方で旅順にある財産も気になるので、今夜中にも旅順に逃れるサハロフの財産の保全についての交渉をしていたのである。

『旅順口』にはチフォンタイの秘書として日本人らしき人物が登場する。チフォンタイは日本国民の身分証明書を所持していたとあるが真偽のほどはわからない。中国人でありながらロシアの国籍を持ち、保身のためなら日本人にも化けるチフォンタイはある種怪物のような人間であったのであろう。ちなみに日本軍が大連に進出したのは五月二十八日。ロシアが所有した土地、建物はすべて没収。タダだ。もちろんチフォンタイの財産もである。チフォンタイが所有した不動産は、ロシア時代のメインストリートのモスクワ通り、日本時代の西通り、山県通りに集中してあった。

密談の続きである。

チフォンタイ「旅順はおそらく包囲されるでしょう。そこで私に代わって、旅順の企業の面倒を見てもらいたいのです」

サハロフ「報酬は？」

チフォンタイ「純益の二パーセント」

サハロフ「十パーセント以下ではお引き受けできませんね」

結局、四パーセント半で商談成立。

その後、二人はそのために必要な賄賂の届け先と金額のリストを作る作業にとりかかる。警察署長に毎月百ルーブル、要塞主計に三百ルーブル、そして何とウェラ・アレクセーエヴナ・ステッセル、すなわちステッセル夫人にもである。旅順でのステッセル夫人の陰の呼び名が「道徳不感症夫人」であったことからありえないことではない。

ステッセルからの急電が届いたのは密談中のことだった。

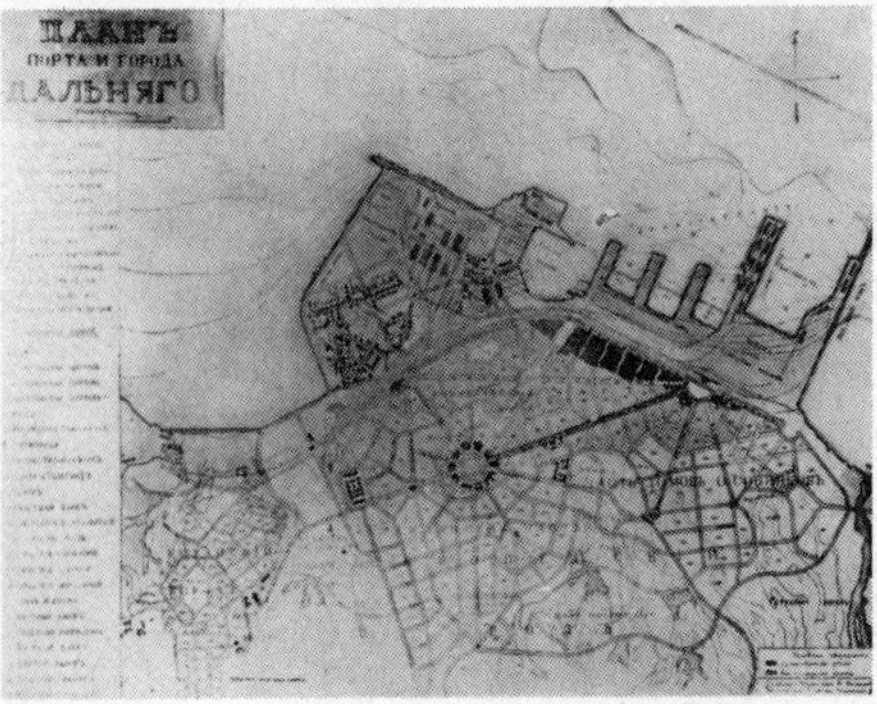

ロシア軍が用いた大連港付近の地図

「夜中の二時までにはロシア国民全員を大連から旅順に送り出すべし。機関車はただちにこれを南関嶺に差し向け、市民の撤退はすべて徒歩たるべし（著者註、大連・旅順間はおよそ四十数キロ）。同時に第十六連隊長ラズドーリスキに命じて港湾施設、発電所、鉄道工場、食糧及び軍需物資の貯蔵庫の破壊に直ちに着手すべし」

だが二人はラズドーリスキへの連絡を故意に遅らせた。なぜならば爆破の対象となった建造物のいくつかはチフォンタイがサハロフから譲り受けることになっていたからである。この時、チフォンタイがサハロフに払った代価は千二百万ルーブルとされているが、チフォンタイは胸の内では二億ルーブルと弾いていた。『ソ連から見た日露戦争』（I・I・ロストーノフ著、大江志乃夫監修、及川朝雄訳、原書房）によれば防波堤、防水堤、ドッグ、埠頭は、ほとんど無傷。発電所、鉄道工場、大量のレール、四百台余の車両、百余の倉庫、五十隻の貨物船、多量の石炭を、日本がやすやすと手にできたのも、二人が時間を稼いで爆破が一部に止まったからである。

石光の報告でロシア軍が大連を放棄したとわかった第二軍は大連には一個小隊を派遣しただけで、主力を北に向けることができたのは、日本にどれだけの利をもたらしたかはかり知れない。得利寺、大石橋、営口を次々と攻略し、一挙にクロパトキンの司令部のあった遼陽に迫ることができたのである。

六月六日、遼東半島の塩大澳に上陸した第三軍（司令官乃木希典大将）は、ただちに旅順に向かったが、かりにロシア軍が大連に踏み止まっていて行く手を塞いでいたら、旅順攻防戦はまったく別の展開になっていた。

その時の旅順

「三月一日の夜中の二時頃、汽車は旅順に着いた。深夜であったため、われわれは列車内に宿泊することになった。旅順口！　恐らく旅順口ほど往来する公衆の便宜を考えないところはないであろう。東清鉄道の建設には巨額の経費をかけたにもかかわらず、旅順口には停車場がないばかりでなく、公衆が雨天または冬の寒い日に列車を待ったり、着車後、子供や荷物とともにしばらく休憩することのできる仮小屋の設備もないのである」（『旅順攻防回想録』）

コスチェンコは驚きを通り越して怒っている。旅順駅とその周辺を撮った最古と思われる写真には、屋根もあるちゃんとした駅舎も引込線も写っていることから、コスチェンコが到着したのは、それ以前であったのであろう。

コスチェンコはこの後、市内に入って、さらに鬱々とした気分になる。メインストリートの海岸通りの建物にはガラスがなく、商店の多くは扉を閉じたままで、行き来する人の顔はみな冴えなく、しかも彼らより警備の騎馬兵の方が多いのである。これもすでにヨーロッパの都市並みの風格が備わったウラジオストクと比べてのことであろう。

港に行くと日本軍の奇襲によって破損した戦艦レトウィザン、ツェザレウイッチ、巡洋艦バルラーダの無残な姿をさらしていた。修復作業が進んでいる様子がない。いつ修理が終えるかのメドがたっていないという。旅順には、すでに憂色が漂っていたのである。

さらにコスチェンコは驚愕の事実を知ることになる。二月八日、日本軍の奇襲にあった日、旅順では艦隊司令官スタルク夫人マリアの〈名の日（著者註、聖母マリアにちなんでマリアの名のある女性を祝福する日）〉を祝う宴が盛大に行なわれた。ある者は夜襲があったにもかかわらず宴会は続けられたといい、またある者は午後四時には中止になって、六時頃からペトロパウロフスク号で海軍の各部長による対策会議が開かれたという。そして以後の対策として敵艦の進入を防ぐために、周辺の海域に水雷防止網を設置することを議決したがアレクセイエフはこれを許可しなかった。その理由が「味方の艦艇が網にかかったらどうするのか」というのである。

旅順攻防戦にはある神話がある。日本が作った「難攻不落」という神話である。戦死者一万五千、戦傷者四万四千名もの犠牲を出したことを、国民に納得させるために神話が必要だった。

事実、苦戦した。だが実際は欠陥と不安要因を抱えた要塞だった。要塞があれほどの期間、日本軍の猛攻に耐えられたのはベトンのせいではなく、将兵の闘志、ロシア魂だったとロシア人はいう。これもわかる。要するに大和魂とロシア魂がガチンコしたのが旅順の戦いだったのである。

コスチェンコは『旅順攻防回想録』の中でこう独白している。

「旅順防衛兵に対して、同要塞が世界に宣伝されたように果たして戦時のいわゆる〈堅城〉なのかと問えば、かならず〈否〉という断固とした答えが返ってくるであろう。スミルノフ将軍（陸軍中将）ははじめて旅順に来て巡視した結果、『これは堅城どころか、無防備の陣地であり、汚水のたまった穴ぐらに過ぎない』と酷評した」

スミルノフは旅順要塞司令官の職にあった。戦略に優れ、部下の信望も厚く、ステッセルが降伏を提議した、最後の会議でステッセルと鋭く対立した人物とされている。

コスチェンコの所見が続く。

「沿岸砲台だけはよく整備されている。だが大砲、弾薬庫および守備兵を敵の砲火から防ぐためのベトン（コンクリート）施設などを見れば、建造した技師は、ただ海上からの敵と戦うだけと考えたもののように思われる。黄金山、電気礁、十字架（クレストワヤ）山、老虎尾砲台などは、みなそのように造られている。（中略）

旅順港の戦艦ボベータと巡洋艦バルラーダ

問題はこれらの砲台には六インチと十インチのカノン砲、および十一口径の臼砲（砲身の太い大砲）しか備えられていなかったこと。しかも最長射程が九ウェルスタ（約一キロ）と短く、それより遠い地点からの攻撃に対して沈黙するしかなかった。事実、黄金山とスクロフ砲台の臼砲は、一度も敵艦に向かって砲撃されなかった。

さらに旅順口には決定的ともいえる欠陥を抱えていた。港口の幅がおよそ二百メートルで、実際に船が通過する幅が百数十メートルほどでしかなかったことだ。いざという時、一隻ずつしか出港できないのでは火急の事態に対応できないことになる。旅順港は防衛には適していても、攻撃には向かない港だった」

一方、陸上の防備はどうであったか。

「陸上方面の砲台は、その数も非常に少なく、ただ一線に並んでいるだけで、相互の防衛上の連絡もなかった。ベトン工事が施されたのは保塁と若干の砲台だけで、ベトン工事の完成していない保塁も若干あった」

その一例として第二号保塁（東鶏冠山北保塁）をあげる。ベトンの堅硬さは十二ないし十五センチ砲弾が爆破すると掩蓋にヒビが入った。そのため戦争前に兵士自らが補強せねばならなかった。

「砲台の砲を据え付けるやり方はでたらめで、山の頂上に新しく盛り土をして、その上に砲を露出したまま据え付けたから、山の頂上に帽子のような形となり、遠く汽車の窓から肉眼でも眺められた」

さすがに拙《まず》いというので周囲を芝草などで覆うことにしたがうまくいかなかったという。

砲弾が不足していた。

「ロシア軍は一八五九年制定表に基づいて砲弾を配付していた。一つの大砲ごとに三百強ずつ分配すれば、頻繁に射撃しても二、三年は射撃することができる。しかし今は速射砲を使用すれば一つの砲の一回だけの射撃で、これぐらいの弾丸は必要であろう」

いざ開戦となると砲弾が足りなくなることは、開戦以前からわかっていたことで、

旅順要塞の沿岸砲台の一部

本国の砲兵本部に何度か補給を要請したが、満足に送られてきたためしがなかったという。

別の史料によれば、砲弾は開戦時、二十七万四千五百八十八発が保管されてあったが、一門あたり四百二十五発では長期間戦うには不十分だったとある。

食糧も問題だった。開戦時、麦粉百六十八日分、きび、小麦、トウモロコシが百二十七日分、砂糖百六十九日分、乾パン二十七日分、塩二百日分、肉類二百日分、燕麦、大麦、大豆百五十五日分、乾燥野菜百七十三日分が保管されてあったが、七月になると肉が底をつき、牛肉に代わって馬肉が支給された。肉不足を魚で補うとか、空き地に野菜を栽培するなどの応急措置が取られることはなかった。

さらに深刻なのは水。市の中心を龍河が流れているが、浄化施設がないため、三万～五万人の命をつなぐ水を数ヵ所の井戸に頼っていた。

旅順、その最後

要塞陸上防衛司令官ゴンドラチェンコ（陸軍少将）の名は猛将として日本側にも轟いていた。ゴンドラチェンコがいなければ、要塞はもっと早い時期に陥落していたと、日本だけでなくロシア側も認識していた。彼はロシア魂の権化のような男だった。彼の姿は常に戦場にあって、不安と恐怖から萎縮しがちな将兵を叱咤激励。

十二月十五日、ゴンドラチェンコは死んだ。東鶏冠山北保塁を巡察中に敵砲弾が彼を直撃、即死。四十七歳だった。

ゴンドラチェンコの死がロシア陣営にとって、どれほど深刻な事態であったかを『旅順口』から見てみる。

「これから先どうやって戦うんだ！」「おれたちの将軍がもういない……」「われわれはもうおしまいだ！」と口々に叫ぶ将兵。

「ゴンドラチェンコが死んだよ」

妻の部屋に興奮したステッセルが入ってきた。

「神よ、あなたのしもベロマン（ゴンドラチェンコのファーストネーム）の霊に平安を与えたまえ」

妻は敬虔に十字を切った。

「これからどうしたらいいのか。彼の代わりをだれにさせる？」

ステッセルは平静を失っていた。

またコスチェンコはこう記している。

「この勇将戦死の知らせは要塞防衛兵を電撃のように驚愕させた。（中略）十六日の朝、私は鎮魂式に列席するために、ゴンドラチェンコ将軍宅に行った時、将軍の死体は頭と骨と脳がばらばらにならないように白布でゆわえられていた。

旅順要塞防衛司令官
ゴンドラチェンコ少将

葬儀は十七日に執行された。

スミルノフ要塞司令官は、最も頼み甲斐のある部下を失った。ゴンドラチェンコの後任は置かず、自分が兼任するつもりだといい、式後、すぐにステッセルを訪ね交渉するつもりだといったが、要請はにべもなく断られた。ステッセルはゴンドラチェンコの後任にフォークをあてた。順番からいえばフォークなのである。しかしフォークでは部下が納得しないことから、スミルノフは変更を迫ったが、ステッセルは憤然として『私はこれまで自分の命令を変更したことはない』と言い放って、会談はこれで打ち切られた。スミルノフ将軍は嘆きながら『あなたは近くフォークの開城の証人になるだろう』とつけ加えた」（著者註、あなたとはコスチェンコのこと）

フォークは金州の戦いから一目散に逃げて帰ったあの男、同僚にも部下からもまったく信頼されていなかった。またスミルノフとフォークは犬猿の仲だった。これまでスミルノフが立てた作戦にフォークはことごとく反対し、そのつど、ステッセルに変更させるよう要請したが、最後はゴンドラチェンコの判断でスミルノフの作戦が採用されたことが、ますますフォークとスミルノフとの溝を深めた。

果たしてフォークの打つ手々は失敗。十二月二十五日、二竜山保塁が、三十一日には松樹山保塁が相次いで敵の手に落ちた。同日、緊急に召集された会議でステッセルは開城案を提議したが、三人の海軍提督とスミルノフ将軍の断固とした反対で戦争継続と決まった。

しかし一月一日、望台砲台が陥落すると、旅順の防衛は裸同然となった。ステッセルは前日の決議を反故にして独断で開城交渉の使者を乃木のもとに送った。

話は前後するが、ゴンドラチェンコの葬儀が行なわれた夜、ステッセルの公邸を一人の中国人が訪ねた。チフォンタイの代理人のシュウである。その場にフォークとステッセルの参謀長レイスがいた。

「大変残念ながらチフォンタイ商会としては五百万ドルの小切手はしばらくお待ちいただかねばなりません。包囲が一日長引くごとに、私どもにも大きな損失をもたらせますので、閣下たちへのお支払い分も減らさざるを得ないのです」

「そうはいっても、今すぐ防衛を止めたりしたら、私は縛り首だ。そうなったらあんたの金も何になる?」

「日本はすでに二〇三高地を占領し、旅順艦隊は全滅した。兵隊の半分は病人です。ロジェストウェンスキー艦隊はマダガスカルあたりでひっかかっており、クロパトキンは南下する気がない。そしてやっとゴンドラチェンコが死にました。フォーク将軍はこれで何もかも自由にやれるとおっしゃったではありませんか」とシュウは、あくまで開城を迫る。

「東正面の部隊が頑張っている間は防衛は続くだろう」とステッセル。

「チフォンタイさんは一月中にすべて片付けてほしいといっています。そうでない時は、私たちの契約は破棄されたことになります」というシュウの口を塞ぐようにフォークがいう。

「チフォンタイさんにお伝えください。年内一杯に決着がつきます。これは陸上防衛司令官として保証します」

脇からステッセル夫人が口を挟んだ。

「人間博愛の精神からも、できるだけ一日も早くケリをつけるべきだわ。あなたは旅順の妻や子供たちを憐れまなければならない立場なのよ」

そして三十一日の緊急会議となるのである。

以下、『旅順口』に見られる開城に至る経緯である。

「ただいま松樹山砲塁が落ちたというニュースが入った。かくして東正面の永久トーチカはすべて敵の手に渡ってしまった。今後、わが軍は設備の悪い第二線陣地にはいるわけだ。防衛継続の可能性について諸君の意見をお聞きしたい」

と、ステッセルが口火を切った。

砲兵、海軍と第七師団の連隊長たちが口を揃えて防衛継続を主張。対してフォークが率いる第四師団の面々が抵抗を続ける無意味さを力説した。議論は白熱したが、結果は防衛続行と決まった。

一同が引き上げステッセルと二人だけになると、フォークは第二防衛線のすべてを放棄するよう命令書を自ら書いた。「それは早急すぎる」とステッセルは止めたが「会議なんてくそくらえだ。今年中に旅順が手を上げなかったら、あんたもわたしも何百万ドルを失うんだ。レイスに命じて、開城申し入れの書簡を書かせなさい。そして早急に乃木のもとに届けさせなさい」といい残してフォークは出て行った。

乃木のもとに開城の使者が来たのは翌日一月一日、午後四時三十分だった。

二日、旅順開城規約調印、五日、水師営において乃木・ステッセル会談が行なわれたのは周知のとおりだが、二日、ステッセル公邸を開城に納得しない兵士たちが取り囲んだ。身の危険を感じたステッセルは、ただちにこの時点で唯一軍紀が保たれていた騎兵隊によって、兵士たちは追い払われたが、それでも安心できないステッセルは、あろうことか日本軍に警護の軍隊の派遣を要請したのである。

その時の奉天　クリスティーの目に映った日露戦争

陸戦の天王山と目された奉天大会戦は一九〇五年二月二十日に始まって三月十日に終わった。ロシア軍三十二万人、日本軍二十五万人が三週間にわたって死闘を展開した。

D・クリスティーの『奉天三十年』（矢内原忠雄訳、岩波新書）は、かなりの人に読まれていると思うのでくどい説明はしないが、スコットランド人の医者で伝道師でもあるクリスティーは一八八三年から一九二二年にかけ、約四十年間、奉天に居住した。この時代の満洲に、彼ほど長く在留し住民に貢献した外国人は他にいない。彼は一人の教養人として日清戦争、義和団の乱、日露戦争を自身の体、目で確認した、数少ない時代の証言者である。

日露戦争についてクリスティーはこう記している。断わるまでもないが、彼の立場はロシアにも日本にも片寄らない、ロシアの戦記にも日本の史書にもない、現実の奉天の模様がうかがえるのである。

奉天はロシアが侵略する以前から、満洲一の大都市である。当然、ロシア人も多数住んでいた。

「戦争?」と一人の者は昂然としていった。「戦争という程のものはないだろう。一発ズドンとやれば三週間以内に東京で平和条約が締結されるだろう」。他の者はいった。「日本が我々に挑戦するのは自殺的愚挙だ。今に我々は日本の名を地図から拭い去ってるから」

ロシア軍が実際に奉天に進駐してからのことである。

放漫と腐敗と不正がはびこり、将軍たちの間にも軍隊各部の間にも嫉妬と団結欠乏があり、多数の将校は国家に仕えるよりも自己の享楽に専念し、一般兵士は戦争に無関心で嫌悪を感じていた。

ある時、一人のロシア兵がクリスティーの前に現われた。英語を話し、身なりも整っていた。

「私はユダヤ人です。だから私には報償も昇進もありません。私は犬のように死ににに戦場に駆り出されるのです。私は日本人を殺したくありません。先生、私を救ってくれませんか。どこでもよいから召使の口を見つけてください」

帝政ロシアがユダヤ人を徹底して虐待したことは、すでに述べたが、ロシア系ユダヤ人の彼はロンドンで商売をしていたが、老父母を見舞いにロシアに帰国したところを捕まって戦場に駆り出されたのだった。

戦争が始まっても奉天でロシアの敗北を予期する者は稀だった。遼陽における十一日間の激戦の後、ロシア軍の敗北は奉天を混乱の極に陥れた。日露戦争は中国が戦場になったが、中国人の戦いではなかった。多くの中国人は、どちらにも加担しなかったが、ロシアの軍政下に苦しんでいたことから、日本軍の進出を渇望し、それによって自分たちの自由が回復されるだろうとの誤った信念を抱いた。

して行った。

ロシア人は陽気な楽天家であった。夏の間に利を貪った後、先を争うように逃げ出

ヨーロッパ・ロシアからの増援軍が着々と北から入ってきた。クロパトキンは軍隊の再編を終え、冬を迎える前に反撃に出る態勢を整えつつあった。

十月八日、沙河の戦いが始まった。ロシア将校は「ロシアは勝利を得つつある」といい、翌朝、中国人は「ロシア軍は撤退を始めた」という。

十七日、バルコニー（著者註、奉天市内にあるクリスティーの病院兼私邸）から漆黒の空に雷鳴の暴れるのを見た。雷鳴の間に小銃、機関銃の絶え間ない音が聞こえ、それを区切るように重砲の音がした。それが休みなく一時間ほど続いた後、バッタリ止んだ。

沙河の戦いは両軍に莫大な死傷者を出したが、ロシア軍の敗北であった。両軍は沙河を挟んで対峙し、膠着状態で冬を越した。ロシアの将兵たちは大地が凍結する数週間、塹壕、砲塁、掩堡を掘る作業にとりかかった。その結果、沙河の北の平野一面が一大陣営となった。樹木は切り倒され、村落は破壊され、住民は追い払われた。沙河の両岸に対陣していた兵士たちの間に奇妙な交際があった。時刻を定めてロシア兵と日本兵とは同じ井戸や河の氷に掘った穴から水を汲み、挨拶や煙草を交換した。しか

し一日中の他の時間では機会さえあればお互い狙撃し合う間柄であった。数千万の日本の絵葉書がロシア軍の中にバラまかれた。それは幸運にも捕虜となったロシア兵の日本における楽しい生活振りを描いたものであった。これらの寓話的な絵は、疑いもなく利き目があった。次第に絵葉書と一緒にロシア語の小冊子が来るようになった。塹壕内の退屈な時間潰しに、字の読める者は読めない者に読んで聞かせた。戦線のロシア兵士には本国からの便りを受け取ることは稀であったが、到底耳に入らないはずの消息までがこの方法によって軍隊内に広まった。ロシアでは新兵の徴募に関して絶えざる扮乱が起こりかけたこと、セバストポールに於いて水兵の反乱のあったこと、一九〇五年一月冬宮の前で請願者が射殺されたという恐ろしい話しなど。（以下略）

その時の奉天　日本の侵攻、期待と裏切り

クリスティーの話を続ける。

我々は奉天で、静かに我々の仕事を続けた。病院には中国人の負傷者や避難民が殺到した。私の患者には従軍武官、従軍記者、ロシア将校も少なからずいた。我々は非常な興味を以て、毎日の砲声の変化に注意した。日本の新重砲、すなわち旅順攻城砲（著者註、二八センチ榴弾砲）が二十七日、南方で打ち始めたのや、また西南方の奥軍（著者註、第二軍）が歩一歩、圧迫してくるのが砲声でわかった。

ある夜、地平線に大火が見えたが、これはロシア軍が退却に先立ち軍需倉庫を焼いたものだった。避難民たちはロシアの軍需倉庫が焼かれるのを悲しげに物語った。一人の慈悲ある司令官が中国人に向かって「四時間に限って、好きな物を何でも持って行け」といった。その後には焼くべき物は、ほとんど残らなかった。

突如、真西に砲声がした。翌日、数名の避難民が新民屯付近の遼河で、ロシア軍ではなく日本軍に呼び止められたことを、我々に語った。同じ日、新民屯経由で通っていた中国政府の郵便車が止まった。これで我々は初めて日本軍がそんな北の方まで進んでいることを知った。

ある日の午後、突然、今まで聞き慣れた轟音たる砲声の外に、小銃のはっきりした鋭い音が北西に起こったのに気付いた。これはロシア軍の後方連絡を一挙にして切断するために、遮二無二に鉄道線路に向かって進撃しつつある乃木軍（著者註、第三軍）であった。全戦闘中の最激戦が全線にわたって三日間戦われた後、七日火曜日、鉄道は北方で切断され、野津軍（著者註、第四軍）は南の防衛線を突破してロシア軍を渾河の塹壕に追い返し、同時に東からも西からも強く圧迫した。その日の夕方、クロパトキンは「我が軍は包囲された」とペテルブルグに打電したといわれる。（中略）

三月九日、記録にもなかった程の最悪の砂あらしが両軍を覆い、ロシア軍に不利に働いた。折からの南風に煽られて、我々の窓から十八ヤード（著者註、約十六メートル半）離れている煉瓦塀が五分間も続いてひとしきり見えないこともあった。ロシア軍はこの眼潰しの砂あらしを顔に受けて戦わねばならなかった。しかし日本軍はこの砂あらしの庇護の下に、溶けかかった氷の上を渾河を渡った。一日後、渾河の氷は割れて、大きな浮氷となった。「まこと天は日本に味方した」と中国人はいった。

十日金曜日の夜明けに、我々は突如耳を聾する日本軍の砲撃によって起こされた。そして午前中に日本の部隊は粛然と奉天に入った。逃げ遅れた数千名のロシア軍との戦いが続いた。砲声は終日、続いたが次第に遠ざかり、とうとう何の音もしなくなった。

日本軍がロシア軍に関してもっていた詳細な情報は、日本自身の間諜によるもので、中国人のものではなかった。開戦前数年間、全満洲にわたり中国人に偽装した特別任務の将校その他の人々が散布せられた。彼らは頭髪を長くして辮髪を貯え、南方なまりに聞こえる中国語を話した。顔の形はもちろん同じである。彼らはロシア人に雇われ、その言葉を覚え、戦争が始まるといつでも自国のために役立つ用意をしていた。奉天でロシア軍の総司令部に、撤退に至るまで出入りしていた中国人の理髪師は日本人の間諜であった。総司令部の食卓ボーイや給仕の中にも数名の間諜がいた。そして新民屯経由の飛脚で日本の総司令部と連絡していた。

この数か月間、戦場となった地域の中国人の困窮は厳しいものがあった。裕福な者は夏の中に早くその財産を持って安全な地方に逃げた。家屋、田畑を奪われた田舎の貧しい人々は家族を連れて都会に逃れた。奉天は彼らの吹き溜まりになった。この間に奉天に来た避難民は約九万人と推定された。そして多くの中国人が殺された。中国人は日本人を兄弟並みに救い主として歓迎した。しかるに日本の指導者と高官の目指したところが何であるにせよ、普通の日本兵士及び満洲に来た一般人民はこの地位を認識する能力がなかった。彼らは救い主としてではなく勝利者として来て、中国人を被征服民として軽蔑の念を以て取り扱った。平和になると共に、日本国中の最も低級な、最も望ましくない部類の群集が入って来た。中国人は引き続いて前通りに苦しみ、失望は彼らの忿懣をますます強からしめた。

ある中国人はいった。

「ロシア人は時には、われわれの財産をタダで取り上げるが、それよりもその値の四倍も払うことのほうが多い。日本人は何にでも金を払うというが、実際の価格の四分の一もくれることはない」

かくして一般人の日本人に対する不幸なる嫌悪、彼らの動機に対する猜疑、彼らと事を共にするのを好まぬ傾向が増えかつ燃えた。これらの感情は、これを根絶することが困難である。

クロパトキンと奉天大会戦

『ソ連から見た日露戦争』は奉天大会戦をこう総括している。

クロパトキンは奉天近郊における今後の戦闘見通しがつかなかったし、兵站地域が突破されたとも知らないまま、三月十日の夜、鉄嶺に向かって退却せよと命令した。(二月)三十一日の朝、日本の第三軍(乃木軍)と第一軍(黒木軍)は蒲河(奉天・鉄嶺街道上、奉天の東北約二十キロにあり、ここを占領されればロシア軍は退路を遮断される)に近付き、ロシア軍の一部の部隊と輜重隊を切り離した。そのためロシア軍は一時混乱したが致命傷にならなかったのは、日本軍の疲労と兵力の不足によって追撃が徹底しなかったからである。(中略)

ロシア軍が四平街に向かって進んでいる時に、クロパトキンは更迭され、後任にリネヴィチが任命。クロパトキンは第一軍司令官として戦線にとどまった。(中略)

大山(巌、日本満洲軍総司令官)は、たとえうまくいかなかったにせよ、一定の奉天近郊でのロシア軍包囲計画を遂行したのであったが、ロシア軍司令部の行動には、計画らしいカケラも見られなかった。クロパトキンは包囲作戦を恐れて当時、たとえば遼陽戦と同じように、もはや自軍部隊を集結しようともしなかった。彼がとった行動はすべて、日本軍の攻撃を消極的に撃退しようとしただけで、逆襲の試みも優柔不断のものだった。

クロパトキンが乃木軍の迂回運動に抵抗しようとして編成した臨時部隊は、全般的目的と結びつかない部分的な任務しか解決しなかった。ロシア軍司令部が消極的であったところから、乃木軍はロシア軍の背後に自分の部隊を進めることができた。

奉天作戦は決戦ではなかった。日本軍は大きな成功を収めはしたが、ロシア軍を殲滅することができなかった。日本軍が新鮮な兵力、主として騎兵隊を擁していなかったため、ロシア軍は四平街陣地にとどまって、戦闘力を回復できただけでなく、兵力を大幅に補充するのを許してしまった。

クロパトキンはある人物にこう語っていた。

「この戦争は最初、兵役義務法にもとづいて補充されたわが軍によって始められた。われわれの罪はもちろん、われわれがその当時、予備の二流の編成隊の戦闘訓練に十分な注意を払わなかったことにある」

奉天会戦前のクロパトキンの戦勝祈願

その人物から「その原因の一つが、わが軍の文化的後進性であることが、おわかりにならないのですか」と問われて「あなたはほんとうにひどいことをいうね。だがあなたがいう通りだ！　根本的な改革が必要なのだ」

ところで、すでに政治の中枢から外れていたウイッテはクロパトキン更迭に至る経緯をどのように見ていたか。（『回想記から』）

日本との戦争は、戦うごとに我が軍に不利であった。敗報ばかりが頻りに伝わるので、陛下や周辺を取り巻く寄生虫どもの心に動揺を生じるようになって当然である。同時にこの戦争はロシア国民の各階級を通じて、前例のない衝動を与えた。その気持ちはいろいろの方面、いろいろの場面に現われた。いずれも現在の政治形態に不満の意を表わすのみであった。ロシアの国民の心には、たしかに変化を生じた。それは従来の軌道を脱して、しかも頼るべき新しい道を得ないという状態であった。全ロシアは遂に理性を失ったかのような観を呈した。

それには理由がない訳ではない。元来ロシア帝国は何によって存在を認められて来たのか。それは主として、というより専ら軍隊の力ではなかったのか。モスクワの半アジア的な一小国から転化して、それを最も威力あるヨーロッパの一大強国としたのは、誰の力なのか。それはいつに軍隊と剣の力ではないのか。

ロシアの文化、ロシアの官僚主義的教育、ロシアの富力、そのいずれもが世界を慴《しょう》伏《ふく》せしめたのではない。それはロシアの武力を恐れたのである。いまロシアはそれほど強くない、それは脆き砂上に立つ巨楼であると判ると、世界のロシアに対する観念は全く一変した。内外の敵は一斉に頭をもたげてこれに侮蔑の眼を向け、利害のないものは、これに対して何の注意も払わなくなった。

奉天付近の会戦が、またまた我が軍の惨敗に終わり、しかもその敗走の状態が甚だ見苦しいものであったことが知れると共に、ロシア人中の多少とも常識のある者は、いずれも〈この上継続すべきでない。出来るだけ体面を傷つけない範囲において一日も早く終局すべきである〉という観念が日と共に濃厚になってきた。

クロパトキンは罷免され、その後任には老将軍リネウィチが挙げられた。これは最近中国の団匪事件（義和団の乱）に際して長駆北京に入り、后宮（頤和園）に闖入して掠奪を行なったことによって豪勇の名を揚げた人である。学識も経綸もない、恐らく連隊長程度の地位にいたら勇猛な士官であろう。

先のクロパトキンからある人物から質された〈わが国の文化的後進性〉はウイッテのいう「武力以外に何もないロシアの後進性」と重なるのであろうか。弱いロシアは誰も恐れない、敬わない。結果としてクロパトキンの撤退作戦は〈弱いロシア〉を内外に露呈したことになった。一時撤退してヨーロッパ・ロシアからの増強兵を待って、一挙に反転攻勢に出る作戦はニコライも同意した国家の最高決定であった。にもかかわらず肝心のニコライは煮え切らなかったことから、すべてをクロパトキンが被ることになった。「あなたはほんとうにひどいことをいうね。だがあなたのいうとおりだ！」はクロパトキンのせめてもの抵抗であったであろう。

クロパトキンはニコライに奉天会戦の結果を上奏する際の心境を『回想録』にこう記した。

「予は敗戦の主罪者たるを自認すると同時に両軍軍隊の意向及び隊長の性格を細心に

比較し以て決定を下せるを自認」

責任はすべて自分にある、撤退は日本軍の戦略、大山の性格を熟慮した結果の判断で、絶対に正しかったと譲らない。撤退の際のロシア軍は、もはやクロパトキンの指示どおりには動かなかった。部下を掌握できなかったことの責任は問われるべきだが、結果のすべてをクロパトキンに押しつけておいて、その場を糊塗しようとするペテルブルグにこそ問題があった。それこそがロシアの救いがたい後進性なのではないか。

戦時報道の虚実

再びドイツ特派員ベールマンの出番だ。戦時報道の信憑性については、日本は大東亜戦争における大本営発表で体験済みだが、ベールマンによれば日露戦争におけるロシアの報道もそれに勝るとも劣らぬ代物だった。

ロシアは中国筋の情報として、頻繁に虚報を流し続けた。第三国の報道なら、それなりの客観性があると受け取られると見込んでのことであろうか。例えば摩天嶺（遼寧省）の戦い（一九〇四年七月十七日～）で日本は日露戦争最初の敗北を喫する。一度奪った嶺を奪回されたのだが、ロシアの報道は中国筋として「日本軍はことごとく退却」と勝利を伝えた。旅順における初期の日露の激突では「三万の日本軍がロシアの地雷にかかって全滅した」と現地中国人から得た情報として、まるで見てきたようなウソを垂れ流した。

ロシアの通信社による国内向けの報道は、ロシア国内の厭戦ムードを払拭すること
に主眼があった。「ロシア人に対して和気あいあいとして歓喜極まりない中国人は、
意気揚揚たるロシア兵と相携えて軍歌を歌い、異口同音に日本人を痛罵する」とか
「現地の人間は日本人にはひとつの食料も売らない」など、ロシア人が現地でいかに
歓迎されて、日本人がいかに嫌われているかに力点が置かれた。大東亜戦争で南方に
進出した日本軍が行く先々で「われわれは解放軍として熱狂的な支持を受けている」
と報じた、わが国の新聞報道と同じだ。

開戦当時、満洲とペテルブルグをつなぐ通信手段はウイッテが設立した商業通信社
の蒸気機械しかなかったことから、交信はペテルブルグの参謀本部と満洲軍総司令部
とが独占した状態だった。機械と向き合った通信員は、上層部の検閲をパスした情報
を、ただ送信することだけに専念。外国特派員が割り込む余地などなかった。

ベールマンはハルビンに滞在中、中国人街フージャデンの喫茶店に通いつめた。な
ぜかといえば老店主から得る情報がロシアの公報より三十六時間も早く、しかも正確
だからである。

「大艦旅順口に沈没せり。露軍大将軍溺死せり。幾千の露人溺死せり」との情報はロシアの広報からベールマンら外国通信員には伝わって来なかった。大艦は戦艦ペトロパヴロフスク、溺死した大将軍はマカロフ太平洋艦隊司令長官のことで、マカロフの戦死は旅順海軍を一時壊死状態に陥らせたほどの衝撃だった。

逆にロシア軍の退却、敗北などの災厄は、驚くほどの早さで日本陣営に伝わった。それは袁世凱の指令で日本軍の協力した馬賊らによるものであるとベールマンは推測。「その快速なこと、正確なこと、実に驚くべきものがあった」とベールマンは舌を巻く。

しかしベールマンらが苦心して得た地下情報は、ロシア軍の厳しい検閲で握り潰されただけでなく、外国の通信員は危険分子として、ついには満洲から追放されたのである。それは奉天のアレクセイエフの司令部も、遼陽のクロパトキンの司令部も同じであった。

ベールマンはロシアを担当して二十年になるベテラン通信員で、ロシア人の知己も多くロシア語も堪能な彼は、ロシア関係者にコネがなく、指定された宿舎で情報を待つだけの他の外国通信員に比べて、行動範囲も広く、得る情報も多かった。

ベールマンは退却の実態をこう伝える。

「わが諸将軍は五ヵ月以来、常にこの恐るべき退却の悲劇を演じてきた。空腹を抱え、満足な宿舎もなく、泥土の中を行進させられる兵士の意気消沈は甚だしい。満洲の雨は実に恐るべきものがある。一望際涯無き幾百里の曠野は至るところ雨水充満、滔々川をなし、深きは頸に達し、しかして水勢の凄まじきこと、車といわず弾薬箱といわず、信じられないだろうが大砲さえも押し流す。ある旅団では輜重の四分の一を失い幾多の溺死者を出した」

こうした情況で戦っている前線の将兵に、突如として予期もしない退却の命令が下る。実戦の場において末端の兵卒に至るまで、退却の意図を周知させることは不可能であろうが、兵士たちの戸惑いと忿懣に思いを抱かない指導者の怠慢にベールマンは憤っていたのである。

「兵士はみな破れ靴を穿き、ある部隊のごときは一滴のアルコールの備えもなく、野戦病院には阿片の備えもない。その服装の貧しさは、捕虜となった日本兵の被服靴と比べると、不覚の涙落ちるのを禁じえない」

その時のイルクーツク

シベリアのイルクーツクでの出来事である。通信の日付は一九〇四年七月二十日、この頃、ベールマンは拠点をイルクーツクに移していた。満洲では乃木第三軍が旅順の外郭陣地の攻撃を開始した頃である。

いかがわしい酒場で、いかがわしい男たちが酒を飲み、女と戯れ、賭博に耽っていたところに、突然、憲兵隊長が現われた。イルクーツクはバイカル湖の湖畔にある都市で、ロシア領における最前線の兵站基地の一つで、戦場に準じることから憲兵隊長の権限は、今や州の総督を上回った。

憲兵隊長は昨夜、チタとイルクーツクの間、八ヵ所の地点で気球飛行から停車場と鉄橋を照らす信号が確認された。日本人は空中から鉄道を爆破する計画だというのである。

そんなバカなことと思いつつも男たちは日夜、鉄道警備に駆り出されることになった。憲兵隊長は人手を駆り出すために酒場を襲ったのである。そして幾日目かの夜、実際に気球を見たという者が現われ、撃ち落とそうとする銃声を聞いたというのである。

実際は何事もなくデマだったのだが、ロシア陣営はさほど神経質になっていた。ある時、ついに日本人が捕まった。憲兵隊が広場に引き立てた日本人は、実はイルクーツクの判事補だった。この地域はブリヤート人、ヤクート人、中国人、蒙古人が昔から雑居しており、ロシア人は肌の黄色い人間は、疑えば、みな日本人に見えるのである。

「クロパトキンに一日千秋の思いで補強軍の到着を待っているが、その通過点であるイルクーツクで観測する限り期待はできない。最近の二ヵ月、一般旅客、貨物列車を極減し兵員の輸送に集中し、何らの障害がないにもかかわらず、第十軍団の全部を輸送するのに四十三日を要した。すなわちクロパトキンが毎日得る新着兵は一日千人を超えることはないという計算である。この後の予定では、ペテルブルグ第一軍団、シベリア第五、第六軍団の輸送が完了するのは旧暦十一月初旬になる。予の計算ではその時、初めてロシア軍の総数は二十九万人に達するのだが、予の同僚は九月初旬の時点で、すでに四十五万人乃至五十万人に達しているというが、これは印刷の間違いであろう」

バイカル湖の泣き所

イルクーツクはモスクワから東へ四千キロ、イルクーツク河とアンガラ河とが合流する地点にあり、バイカル湖とも接している。十九世紀の前半に金鉱が発見されて、にわかに栄えたイルクーツクは、シベリアの最も重要な行政、物流、商業の中心地ではあるが、住人の多くは金の採掘者、密輸業者、流刑者や前科者と、彼らの相手をする売春婦らで、シベリアを旅するヨーロッパ人はこの町を「文明化された野蛮人の町」と呼んだ。それほど猥雑な町だった。

イルクーツクのもう一つの特徴は、町とシベリア鉄道の駅舎が離れていること。川上の金鉱から鉱石を運び出すのに都合のよい、二つの河の合流地点に町が出来、その後に鉄道が来た。湿地の上にあるような町を避けて、鉄道が敷かれた。町と駅舎は浮き橋で繋がっているが、浮き橋は解氷期には増水した水で流失する。浮き橋が鉄筋になったのは一九三六年のことだ。

なぜこういう説明が必要かというと、バイカル湖の西岸を通るシベリア鉄道も同じ自然環境にあったからである。ベールマンによれば湿気が多いため枕木の腐食が早く、路床の一部は湖水に洗われることから崩れやすく、それらが原因でしばしば脱線した。一九〇三年二月の開通式は鉄道大臣のヒルコフ自らが参列して賑々しく行なわれたが、時速十キロでノロノロ走り出した列車は、たちまち脱線し、八十キロを走るうちに四回も脱線するという不名誉なものになった。

ベールマンが赴任した当時も、情況はさほど変わっていなかった。繰り返しになるがロシアの敗因の一つは兵站線が脆弱なこと、中でもバイカル湖の湖畔を通る路線が泣き所だった。ロシアは至急、湖南を迂回する新たな鉄道の建設に取り掛かったが肝心の戦には間に合わなかったことから、この区間は夏は汽船に乗り換え、湖面が凍結する冬は徒歩、またはソリで渡った。一軍団が渡り切るのに平均十日乃至十四日かかった。

迂回区間の工事は急がねばならなかった。シベリア鉄道はこの区間を除けば完成していた。戦局はロシアに不利であった。兵員、武器、弾薬の補給が問題で苦戦を強いられていた。九月半ば、ともかく完成し交通省に引き渡されたが、最初の試走車は十回脱線した。屋上の通風器がトンネルに引っ掛かるなどの問題が重なって、迂回線を無事、列車が通過したのは九月二十五日。前日の九月二十四日、二〇三高地を攻めあぐねた日本軍は一旦、矛を収めた。それにあわせるかのように奉天のクロパトキンのもとにニコライから「なるべく短期間に（日露戦争）の決定的効果を収めんとするには、戦地における我兵力を増大する必要あり」との電報が届いた。ニコライは現在、満洲にある軍隊を満洲第一軍として、新たな第二軍の補強、を考えていた。

第7章　バルチック艦隊の理由

最後の切り札ロジェストウェンスキー

バルチック艦隊がバルト海に臨むリバウ港を出航したのは一九〇四年十月十五日、東シナ海を目指し、大西洋、インド洋、太平洋を経ての約一万九千カイリの大航海である。目的は極東（旅順、ウラジオストク）にある太平洋艦隊と合流して日本連合艦隊を撃破しロシアを勝利に導くことにあった。ロシアは従来の太平洋艦隊を第一太平洋艦隊とし、バルチック艦隊を太平洋第二艦隊と改称し、その後に追加編成された第三艦隊をも含めてバルチック艦隊と称した。戦艦七隻を含む四十五隻、乗員総数約一万二千人の大船団である。艦隊の正式名称は太平洋第二艦隊だが、将兵たちは好んで旧称のバルチック艦隊の名を用いた。

しかしこの時点で、すでにウラジオストク艦隊は消滅しており、太平洋艦隊の主力船団は旅順の港から一歩も出られない状況にあった。気の遠くなるような時間と経費をかけて極東まで行っても、成果が危ぶまれるにもかかわらず、なぜ派兵に踏み切ったのか。

レーニンはこういう。

「専制は戦争の不幸な結末が、内敵の勝利、すなわち革命の勝利に等しいことを知っていた。だから伸《の》るか反るかの勝負に出たのである。バルチック艦隊を急派するのに何億ルーブルが費やされた」

つまり日本に勝てなくても、革命勢力が勝利者面するのは我慢がならず、ならばダメで元々、万が一に賭けようというのである。まさに王朝の断末魔といえる。

とはいえニコライとその周辺は、まだ望みを捨てていなかった。

ウイッテはこういう。

「陛下はどこまでもロジェストウェンスキー提督の成功を期待し『彼は必ず日本艦隊を撃破する』と信じていたらしかった。陛下を取り巻く似而非《えせ》愛国者たちは『ロジェストウェンスキー艦隊が東シナ海に現われたという一報によって、日本では大恐慌が起こる』などと吹聴していた」

日本との開戦は時期尚早と反対していたウイッテは艦隊の派遣にも覚めた見方をしていた。まず彼はロジェストウェンスキーの人間性、軍人としての力量を全く評価していなかった。

そもそもズノビー・ペトロービチ・ロジェストウェンスキーは、どういう人物なのか。生年は一八四八年。日本では将軍は家慶、国際化の波が押し寄せ、攘夷か開国かと騒がしくなりはじめた頃である。一八七〇年に海軍兵学校を卒業、一八七三年に砲術アカデミーに学んだエリート軍人。一八七七年のロシア・トルコ戦争では指揮官として采配をふるう。以後、順当に出世して、一九〇三年には海軍総参謀長の地位にあった。

だがロシア・トルコ戦争でトルコ艦隊を撃破しながらロシアは勝ち切れなかった。イギリス、オーストリアらの介入を招きバルカン半島を支配下に置くことができなかった。そもそもの目的である南下に失敗したことから、ウイッテのロジェストウェンスキーへの評価は辛い。「トルコ艦隊を撃退したという有名無実の事件」と切り捨てている。

他方、『ツシマ』の著者ノビコフ・プリボイのロジェストウェンスキーへの評価は高く、「正直で、彫刻のように変化のない、どんな障害にあっても自分の計画を変更しないほどの自信家」は、ロシアが最後の切り札として期待するに値する人物であったことを思わせる。

艦隊の派遣を決定した御前会議にウイッテは呼ばれなかったが、会議の模様は出席者から聞いて知っていた。列席した重臣の大多数は派遣に疑問を持っていた。不成功を確信している者もいた。しかしニコライの決定に反対する勇気のある者は一人もいなかった。ウイッテによれば御前会議は列席者の多くは提出される議題に対する陛下の内意を知っているか、少なくとも推察できる立場にある者で、自分の考えが陛下と異なる場合は発言しないのが通例であったという。超ワンマン社長が取り仕切る重役会議を思えばよい。

司令長官ロジェストウェンスキー中将

それでもウイッテはニコライに翻意を促すために、ある人物を通じて書簡を送った。「奉天大会戦の直後、ミハイロウスキーという人物が雑誌『ルスコエ・スロウォ』に発表した『将来、リネウィチ将軍から何も期待できない』という主旨の論文に自分の意見を添えて『この戦争は政治上からみて一種の罪悪である。それゆえにこれを償う道を講ぜねばならない。その道は一日も早く平和を克復することである（むろん事情に相当した条件を以て）。それは一日も早いだけ我々の利益である。何故ならばこの際ロジェストウェンスキー艦隊の行動に期待をかけるなどはなはだ理由なきことだからである』」

だがニコライから何の返事もなかった。

負けるべくして負けたロシア艦隊

一万九千キロの航海の前途が多難なことは予測されたことだが、現実は予測をはるかに上回った。石炭、食糧、飲み水の補給が不可欠にもかかわらず、ロシアは出発時点で航路のどこにも確かな補給地点を持たなかった。

ロシアの行く手を塞いだのはイギリスだ。日英同盟の手前もあるが、日本が勝った後のことは、これから考えるとして、負けを望んでいるロシアを助け起こすような真似はしなかった。ロシアと同盟関係にあるフランスも、イギリスとの協商関係にあったことからロシアに手を貸すことは控えた。アフリカ南端の喜望峰を、はるばる経由してインド洋に出て、マラッカ海峡から東シナ海に至る間に寄港できる土地のほとんどはイギリスかフランスの植民地で、物資の補給は期待できなかったのである。

頼みの綱はドイツだった。行く先々で物資を買い付けたのはドイツ商社で、これもドイツ商社がチャーターした輸送船で沖合の艦隊まで運び、さらに先を見込んで石炭、

バルチック艦隊乗組員のペテルブルグ出発

食糧、飲み水などを大量に積み込んだ輸送船が艦隊に伴走したのである。

目の前の買い手がドイツの商社なら、本当の買い手がロシアとわかっていてもイギリスもフランスも売った。ドイツに売ることは国際法上も問題にならない。それに何といってもボロい商売なのである。

積み替えは海上での作業となった。熱帯の炎天下の作業は兵士の体力を蝕んだ。次の補給が確約されていないことから、どの艦船も積めるだけ積んだ。甲板はもとより船内のあらゆる空間が石炭、食糧で埋まった。プリボイは「嵐がくれば積み荷が傾いて船は沈没するだろう」と記している。

突然の派遣決定であったことから、船体の補修、および装備の整備がつかないままの出発となった。幾つかの新造艦船は機関その他の設備、艦砲類を十分に実験しないままに出航したのである。

戦艦アリョール号の吃水線は二十六・五フィートなのに二十九フィートに達し、極端に安定を欠いていた。石炭の積み過ぎなのである。重くなった船体を機関が喘ぎながら回転し、それがために頻繁に故障し、そのつど、海上で修理しながら航行を続けるのである。船団の後尾には浮き工場と呼ばれた修理専門船が同行していた。これも不思議な光景である。

かき集めの兵士の多くは実戦の経験がなく、ある者も退役した壮年兵で、いずれにしても戦闘艦乗務員としてイロハから仕込まなければならなかったにもかかわらず、実弾演習は一回に止めた。演習用の砲弾がなかったからである。

乗務員の操舵術は未熟で、航海中に訓練するというありさまだった。日本海海戦での敗因の第一は操舵術の拙《つたな》さにあったと指摘する向きもある。

この項は『ツシマ』によるところが多い。そこで『ツシマ』の著者ノビコフ・プリボイについてわかるところを記すと、一八七七年（明治十年、西南戦争があった）に、ロシアの田舎の貧しい農民の子として生まれた。国民の九割は自分の名前も書けない帝政時代のことで、プリボイは読み書きの手ほどきを父から受けた。さらに信心深い母の奨めで修道院で初等教育を受けた。そのままではプリボイは修道僧になっていたところだが、たまたま知り合った船員の影響で志願して海軍の水兵になった。そして基地内の日曜学校に通っているうちに革命思想に目覚めたことから、罰として海兵団の営倉に入れられ、出たところで戦争に駆り出された。アリョールの乗務員となったのである。

大破したアリョールは捕獲され、プリボイは捕虜となって熊本の収容所に送られる。長い抑留生活の間、プリボイはツシマ海戦の真相を記録として残すことを思い立ち、収容所の仲間らの協力を得て、どの船でいつどのようなことが起きたかを調べあげた。アリョールの一水兵にすぎないプリボイが海戦の全容を知り得たのはこうしたことの積み重ねがあったからである。しかしその資料は一時行方不明になり、二十二年ぶりにプリボイの手に戻ったことで、一九三三年、昭和八年、刊行の運びとなった。プリボイはこれをきっかけに本格的に著作活動に入り、『海の物語』『海は招く』『エラルシの航海』『ウハーバ』などの作品を残し、当時、『静かなドン』の著者ショーロフと並ぶ高い評価を得た。

本題に戻る。

十一月三日、艦隊はジブラルタル海峡のタンジールに着いた。ここで艦隊は二手に分かれた。吃水の浅い船はスエズ運河に向かい、吃水の深い船は喜望峰を回った。一九〇五年一月九日、艦隊の主力がマダガスカル島に到着。先に着いていたフェリケルザム艦隊と合流。

ロジェストウェンスキーは到着する少し手前で、旅順陥落の知らせを受けていた。旅順艦隊がもはや存在しないことがわかった将兵の落胆は大きかった。日本艦隊が自分たちが想像していた以上に強いことがわかった将兵たちは、以後、姿も見えぬ日本艦隊の影に怯えるようになった。

ここまでにいろんなムリが重なったことから艦船の多くに故障、破損が生じていた。このままでは勝利が見込めないロジェストウェンスキーはペテルブルグに増援隊を要請した。しかし本国に残っているのは黒海艦隊だけで、これを極東に送り出すとロシアの海が無防備となることから派遣はかなわず、代わりにボロ船を集めた太平洋第三艦隊がにわかに編成されて追加派遣された。

三月十六日、艦隊はマダガスカル島を離れた。逗留が長引いたのは第三艦隊の到着を待ったからだが、待ち切れずに出航することになった。

三月二十六日、シンガポールに到着。カムラン湾（ベトナム）で船体の整備をしようとしたが、フランス当局から拒まれて、ワン・フォン湾に移動したところで、第三艦隊が追いついた。老朽船はすでにボロボロ、酔いどれ艦隊のあだ名がついた。何がなくてもそのうち沈んでしまうという意味である。

もはや艦隊の戦闘意欲が維持できなくなったロジェストウェンスキーは、自分の健康を理由に辞任を願い出たが、聞き届けられなかった。

五月十四日、艦隊はワン・フォン湾を出航。

この頃、満洲の戦況は四平街の手前の沙河を挟んで両陣営は向き合い、実質的な休戦状態にあった。またすでにアメリカ、フランスなどの間で和平工作が、ひそかに進行していたのである。

ロジェストウェンスキーの頭にあったのは日本艦隊と戦うことではなく、どうやったら無事にウラジオストクへ逃げ込めるかであった。コースは北から宗谷海峡、津軽海峡、対馬海峡の三つがあったが、ロジェストウェンスキーは燃料不足から最短の対馬海峡を通過することに決めた。日本艦隊と戦闘になることは避けられないだろうが、それでも大部分はウラジオストクに行き着けると考えていた。

この頃、ロジェストウェンスキーの精神状態は、もはや正常ではなくなっていた。かつての精悍な将軍の面影はなかった。突然、怒りだすのだ。怒ると手当たり次第、部下の艦長をあだ名で罵倒する。「糞袋」「空包み」「ラック塗りの小僧」「近衛兵の洋服掛け」「脳味噌のない虚無主義者」「二重馬鹿」「淫蕩な腐肉」。こうなったときのロジェストウェンスキーに近づく者はだれもいなかった。ロジェストウェンスキーは不屈の闘志を持った人間で、海軍のことにも造詣が深いと信じ、その専横ぶりを大目に見ていた人たちまでが、ロジェストウェンスキーの内面に深謀叡知や組織の指導者としての才能のカケラも潜んでいないことに気づき始めた。

五月二十六日、対馬海峡に近づいた。ロジェストウェンスキーは昼前と午後、突然、陣形運動を行なった。各艦の艦長は旗艦の信号を見逃すまいとして懸命だった。ロジェストウェンスキーは決戦の日を五月二十七日に決めたのは、この日がニコライの戴冠式記念日だったからだ。

五月二十七日、決戦の日が来た。日露両艦隊は対馬海峡で遭遇した。結果は改めて記すまでもなくバルチック艦隊の大敗北である。旗艦スワロフは大破、ほどなく沈没。重傷を負ったロジェストウェンスキーは意識不明のまま駆逐艦ブイヌイに移り逃亡するところを、日本側に発見されて拿捕された。佐世保海軍病院で治療を受けた後、本国に送還された。本国で軍法会議にかけられたが無罪。中将の位剝奪、退役を強いられたが一九〇九年まで生きた。

『ソ連から見た日露戦争』はロジェストウェンスキーを厳しく指弾する。

「ロシア艦隊司令長官は戦闘の指揮組織を放棄し、指導権の引継ぎさえ決めていなかった。ロシア艦隊は不利な情勢下で戦闘に入った。砲撃できたのは、ただ先頭艦だけだった」

ロジェストウェンスキーはなぜ突然、陣形運動を思いついたのか。プリボイはこう指摘する。

「ところがそのとき、あれだけペテルブルグでその戦争能力が盲信的に信じられていた第二艦隊司令長官ロジェストウェンスキー提督に、誰一人として予期していなかったことが持ち上がった。戦闘がまだ始まるか始まらないうちに提督のいい加減な陣形運動のおかげで『オスリャビア』は前続艦（著者註、第一戦隊最後尾アリョール）に艦首を突っ込む心配から、機関を停止せざるをえなかった。敵はこの機会を利用して十六点の順次回頭を行い、並航コースを取りつつ、熾烈きわまる砲火を『オスリャビア』に浴びせかけた」

戦略に詳しくない筆者は書かれてある以上の追加描写はできない。日本軍の勝利を決定付けたとされる〈十字戦法〉と関わっているのであろうが、第二戦隊の先頭にいたオスリャビアが集中砲火を浴び、戦闘が本格化したのはこれからである。

「『オスリャビア』は戦闘が開始されたのと司令官指示とによって、至急単縦陣形に入るべく、減速して『アリョール』を先行させようとして、次いで停止した」

ロジェストウェンスキーにどんな思惑があって陣形を変えたかは謎である。しかしそのことで味方の陣形に乱れが生じ、敵に攻撃の糸口を与えたのであれば、ニコライの戴冠式記念日に、とんだ間違った贈り物をしたことになる。

バルチック艦隊敗北の知らせは順次、ニコライに届いた。その前後のニコライの日記である。

ノビコフ・プリボイが乗り組んだ戦艦アリョールの惨状

「五月二十九日　月曜日　今日はわが艦隊が日本海軍と戦闘したことについて極めて矛盾した情報が到着しはじめた。わが艦隊の損害ばかり知らせてきて、敵艦隊の損害について全く沈黙している。このように実情がわからないことがひどく私を悩ませる」

「五月三十日　火曜日　対馬海峡での敗戦について矛盾した重苦しい情報が到着している」

「六月一日　木曜日　今日、二日間の海戦でわが艦隊がほぼ全滅したという恐るべきニュースが最終的に確認された。司令長官ロジェストウェンスキー提督でさえも負傷して捕虜になったという。すばらしい天気だったので、それだけ心の悲しみは堪えがたい」

「六月十二日　月曜日　今日、報告の後に叔父アレクセイは今すぐに辞任（著者註、海軍総裁）したいと申し出た。彼のいうことに道理があるので同意した。気の毒な彼のために心が痛む」

不思議なほど切迫感がないのである。敗北の意味するところがわかっていないのではとさえ思える。

しかしほどなくニコライはツシマ海戦の大敗北に引き続く衝撃的な出来事に見舞われる。黒海艦隊の反乱、世にいう「戦艦ポチョムキンの反乱」である。給食の内容に対する水兵たちの不満が専制体制を揺るがす、大事件へと発展するのである。

「六月二十八日　水曜日　オデッサから戦艦ポチョムキンの乗務員が反乱を起こして将校を皆殺しにし、艦を奪い、その反乱でオデッサにまで脅威を与えているという仰天させる報が着いた。信じられない」

事件は十日ほどで一応の決着を見たが、ニコライの胸中に「戦争を止めて、内政に力を入れなければ」との強い思いがよぎったのはこの時だった。

アメリカの大統領ルーズベルトが日露の講和仲介に動き始めたのはこの頃だ。ニコライの日記に初めてルーズベルトの名前が出るのはツシマの敗北を聞いた一週間後のことだった。

「六月七日　水曜日　アメリカ大使メイヤーに会った。彼はルーズベルトの親書を持ってきた」

この日、ニコライは日本との話し合いに同意した。満洲での陸戦には、まだ余裕のあったニコライだが、ツシマ海戦での大敗北で海軍の主力を失っただけでなく、虎の子の黒海艦隊における謀反という現実を無視することができなかったのである。

ロシアではツシマ海戦だが、日本では日本海海戦。命名者は東郷平八郎連合艦隊司令長官。

「五月二十七日午後より翌二十八日午後に亘り、沖の島付近より欝陵島付近の海戦を、日本海海戦と公称する」　ちなみに現在、日韓の間で帰属を巡って騒動になっている竹島（独島）はその中心にあった。僅かに海面から出た岩礁（海抜百五十七メートル）が砲弾で吹き飛んでおれば、いまどき揉めることもなかった。

第8章　そして講和へ

ツシマ海戦敗北のショック

ツシマ海戦敗北のショックは、瞬く間に全国に広まった。『日露戦争全史』（D・ウォナー、P・ウォナー著、妹尾作太男、三谷庸雄訳、時事通信社）にその波紋の大きさを見ることができる。

「ロシアの農民たちは路上で新聞やニュースを読める人々のまわりを取り囲み、この大敗北の詳細を聞かせてもらいながら泣いた」

「ロシアは二〇〇年間、目をふさいで世界の進展に遅れるという愚行をおかしてきた。ロシア国民は目隠しされたまま、破滅の淵に向かって行進を続けていたが、今や目隠しが外され、彼らはもう決して破滅への行進に従うこともなければ、それに駆り立てられることもないだろう。われわれの唯一の慰めは、敗北を被ったのはロシア国民ではなく、政府であるという認識である」(『スロフォ』)
「多くの者が勘違いしているが、和平は不面目なことではない。敗戦は恥辱ではなく不運である。日本人のように、精神的に未発達で非キリスト教徒国民は、戦争で勝利を収めることになっている。なぜならば、彼らの間には愛国心が横溢しているからである。この愛国心は隣人を愛し、したがって戦争に反対するという原則に反している」(『タイムズ』に掲載された作家・トルストイの妻の投稿)
「戦争はこれまで、それを勃発させた人々にとって、よい教育の場を提供している。その教訓は今や彼らを教え始め出した」(作家・ゴーリキ)
「六月四日、ある避暑地で大衆がツシマ海戦で戦死したロシア水兵のための哀悼行進を行い、五〇〇〇人のデモ隊が警官と衝突した」「ロシア国内の状況が騒然となってきたので、戦争を続けようという空気が薄れてきた。ロシアには革命が勃発する恐れがある」(六月六日付けの『ニューヨーク・タイムズ』)
「六月十九日、再びワルシャワに暴動が発生(著者註、ワルシャワはポーランドの首都だが、ポーランドは当時ロシアの強い影響下にあった)。赤旗を立てて行進していた約二〇〇〇人の社会主義者がコサック騎兵に阻止された。デモ隊は発砲し、コサッ

反乱が起きた黒海艦隊の戦艦ポチョムキン

ク騎兵は剣を抜いてデモ隊に突撃した」（『ニューヨーク・タイムズ』）

戦艦ポチョムキン号の反乱が起きたのは六月二十七日のことだ。黒海艦隊の主力戦艦ポチョムキンの乗務員約八百人が、日頃から反目していた士官に歯向かい、実力行使に出た。きっかけは腐った肉を食べさせられたことに抗議した水兵の一人が射殺されたことにあった。彼らは士官の一人を殺し他を下船させ、マストに革命のシンボルである赤旗を掲げた。反乱は七月八日に鎮圧されたが、戦争が終結に向かう、大きな引き金となった。

前項で述べたことだが、アメリカ大統領ルーズベルトが講和に向けて動き始めたのが六月九日、それを受けてロシアの全権主席ウイッテがアメリカに向かったのが六月十九日、日本の全権小村寿太郎が横浜を出立したのが七月八日。

和平に向かって時は着実に刻みつつあったが、この時期、北満、北朝鮮、沿海州、樺太に七十八万のロシア軍が配置され、一部では戦闘が続いていた。

交渉はアメリカの東海岸の港町・ポーツマスで八月九日に始まり、九月五日の調印で幕を閉じた。ここにおいて日露の戦争は終結したのである。

ウイッテは『回想記』の中でポーツマス講和について、自身が代表に任命される経緯から、交渉のプロセス、中身、締結後の余波に及ぶまで多くの頁を割いている。それはとりもなおさずロシアの戦後処理であると同時にロマノフ王朝の終幕でもあり、政治家ウイッテの最終章でもあった。

ロシア建国以来、最大の難関を無事乗り切ったウイッテは、これでロシアは救われたと思った。だがウイッテを待っていたのは、ウイッテの予測を上回る混沌としたロシア社会の現実だった。「ロシアが勝てば革命など吹き飛んでしまう」と気炎をあげてきた右翼勢力は「講和を締結したウイッテは国策を誤り、皇帝を欺いた反逆者である」と非難。南樺太（ロシア名サハリン）の割譲をことさらとりあげて「半サハリンスキー伯爵」と揶揄。宮廷、軍部の声も圧倒的にウイッテ批判。急先鋒のクロパトキンとリネヴィチは「われわれがこれから日本軍を撃破しようとした時、ウイッテが講和をまとめて台無しにしてしまった」とウイッテを攻撃。右翼系のある新聞は「ウイッテを広場に引き出し、市民の前で銃殺すべきだ」とまで書いた。「全権委員は陛下の罪人にして国民の罪人である」（一九〇五年九月五日、満朝報に掲載された講和問題連合同志会の上奏文）とした日本と酷似している。

しかしロシアの危機はさらなる広がりを見せるのである。ウイッテの言葉を借りれば「ロシア全土を挙げて騒乱の巷と化したと言って過言ではなかった」。ロシア帝国の総人口の三十五パーセントを占める異民族は帝国の弱体化に付け込んで、ポーランド人は自治を、ユダヤ人は平等を叫び、ロシアの中でも農民は土地不足を、官吏は上層部の腐敗を、将兵は敗戦を政府の責任として解決を迫った。それまで知識人や一部の労働者、農民に留まっていた革命を求める声が、今各界各層に広がったのである。

ウイッテは帰国後、首相として政界に復帰、立憲議会制、市民的自由の導入を試みたが、半年で辞任に追い込まれた。ウイッテは隠遁。一九一五年二月、六十六歳で、激動の人生の幕を閉じた。ポーツマスから十年後のことだった。

二転三転

ニコライがルーズベルトの和平提案をうけいれると決めた時、まず脳裏をよぎったのは、誰を全権代表に選ぶかであった。

ウイッテに決まるまで紆余曲折があった。ニコライの意を受けて人選の根回しに走ったのは外務大臣のラムズドルフだった。ニコライから、最初に下問された時、ラムズドルフは「この難局を乗り切るのはウイッテの他におりません」と奏上したが、それに対するニコライの答えはなかった。

ニコライは対日開戦に反対するウイッテを、開戦直前の政権の中枢から外したという経緯がある。いまさらウイッテを認めることを潔しとしない思いがあっても不思議はない。またニコライの周辺にはウイッテの復権を認めたくない空気が渦巻いてもいた。

ラムズドルフはウイッテにこういった。

「主席全権にはパリ大使ネリドフを任命することが決まった。会合の場所をルーズベルトはアメリカを希望しているが、われわれにはヨーロッパのどこかであることが望ましい」

ウイッテはこう答えた。

「会合の場所は戦場に近い所が便利と考えるが、それが差し支えがあるなら、むしろアメリカの方がよい。なぜならばヨーロッパで会合すれば各国の陰謀がうるさくなるのは必然だからだ」

しかしネリドフは老齢と健康を理由に辞退。デンマーク大使のイズヴォリスキーにお鉢が回ってきたが、「自分はその任にあらず」と辞退、彼もまたウイッテの名をあげたが、ニコライが次に指名したのはローマにいた元外相のムラヴィヨフであった。

早速、帰国したムラヴィヨフはニコライと接見した後、ウイッテを訪ねて、こう話した。

「講和以外に我国が生き残る道はないことを率直に申し上げた。しかし私の使命は容易ではない。成否にかかわらず、一部の者からの非難は免れないからである。講和が成立すれば『ムラヴィヨフが講和を急がなければ日本人を叩き破ってやったのに』というであろうし、不調に終われば、この先いろんな災禍が続出するごとに『ムラヴィヨフが少し努力すればこんなことにはならなかった』と非難されるに決まっている。しかし私は国のため自分を犠牲にして奉公の誠を尽くす覚悟だ」

ところがほどなくムラヴィヨフも持病再発を理由に全権を辞退。

その直後、ウイッテを訪ねたラムズドルフはこんな話をした。

「持ち前の功名心に駆られて飛び付いたものの、その任務の重たさと危険さに堪えられなくなったのではないか。また全権手当てとして、ムラヴィヨフは十万ルーブルぐらいを期待していたのが一万五千ルーブルと知って、とたんにやる気が失せたようだ」

しかしラムズドルフはそのことを話に来たのではなかった。

「ところでだが、皇帝が強いて貴下にといえば承諾するか」

ウイッテは答えた。

「よろしい。もし陛下から、私に直接の委任があれば引き受けましょう」

実はウイッテには、最初から自分以外にこの任に堪えられる者はいないと自負していた。

会談の場所についてだが、ルーズベルトはハルビンと奉天の間の一点かハーグ（オランダ）、もしくはワシントンを候補としてあげたのに対して、日本は芝罘（中国・山東省）を、ロシアはパリを希望したが、最終的にアメリカのポーツマス（ヴァージニア州）に決まった。ワシントンに近いこと、この時期の気候もよく、海軍基地であることから警備の点でも安心なことなどによる。

翌日、参内したウイッテにニコライはこう告げた。

「衷心から和議を希望するが、どこまでもロシアの体面を傷つけないものであらねばならないし、一銭の償金も一握りの領土も渡してはならない。わが軍の現状については国防審議会の議長ニコライ・ニコラエウィチ大公に聞くように」

次の日、訪ねて来たウイッテに大公は「私は和議の要否や講和条件について意見を述べることは差し控える。私はただ出征軍の現状について知るところを話すから、そこからどんな結論を出そうと、君の自由だ」といい、現状を次のように語った。

一、わが軍は今後において遼陽や奉天のような惨敗を蒙るようなことはありえない。

二、事情が好転すれば、敵を関東州方面に圧迫し、朝鮮国内に追い込むことも不可能でないと信じる。ただしそのためには約一年の月日と十億ルーブルの軍費と、二十万ないし三十万の死傷者を出す覚悟がいる。

三、それ以上のことは艦隊の協力なしには期待できない。

四、この期間には日本軍がサハリン全島及び沿海州の大部分（またはある部分）を占領するであろうことは免れない。

ウイッテは論外であると考えた。今のロシアに一年の歳月、十億ルーブル、二、三十万の犠牲に堪えられる余力はない。

ウイッテは、続いて海軍大臣のビリレフを訪ねた。

「今は日本は極東における海上の完全な主人公である。和議条件については、ロシアの面目を毀損するようなことは容認できないが、場合によっては、われらが良き時代に占領した土地の一部を割譲するくらいはやむを得ないのではないか」と、場合によっては譲歩も止むなしとの考えを明かし、さきの大公は「如何なる場合にも我々が一塊の土地も譲与し得ないのは勿論である」との立場の違いを示した。

大蔵大臣のココツォフには何も聞く必要はなかった。財政のことなら、自分の方がよく知っているとの自負がウイッテにはあった。戦時中、ロシアは必要に迫られて紙幣を乱発した。紙幣の発行高は六億ルーブルから十二億ルーブルに倍増。国内金融は破綻寸前にあった。ウイッテはココツォフを「官僚としては優秀だが、大勢を洞察できる能力はない」としか見ていなかった。要するに国家の財政が仕切れる器ではないというのだ。外債に関してだが、ロシアが優位にあるうちに募債したほうが有利にもかかわらず、ココフツォフはあえてそうはしなかった。敗北を重ね、財政のメドが立たなくなってから慌てて募債に乗り出したが、足元を見透かされて、財政事情をさらに悪化させることになった。

ウイルヘルムの奸計

小村寿太郎ら日本全権団を乗せたミネソタ号は七月八日、横浜を出航、七月二十日、シアトルに到着。陸路ニューヨークに入ったのは七月二十五日。

一方、ウイッテらが本国を離れて、ヨーロッパに向かったのは六月十九日。七月二十七日、ヨーロッパを発ってウイルヘルム・デル・グロッセ号でニューヨークに到着したのが八月二日。

ヨーロッパ滞在が一月余に及んだのには訳があった。情報収集のためである。ロシアの国威がどこまで失墜しているかを肌で確認し、また和議が成った場合、不成立となった場合の各国の対応をあらかじめ探っておく必要があった。ロシアの腹は和議に決まってはいたが、対外的には和戦両方の選択肢があるように見せ掛けておかねばならない。

ウイッテはパリに腰を据えて、フランスの要人と懇談を重ねる一方でヨーロッパ各国の動静を探った。

『回想記』にはフランスのルヴィエ首相、ルーベ大統領とのこんなやり取りが見られる。

「ロシアは講和の成否を問わず、不成立の場合は戦争を続行するために、成立の場合は戦争の後始末のために多額の資金を必要としている」と切り出したところ、ルヴィエの反応はシビアだった。

「ロシアの選択肢は講和以外にありえない。日本に相当の賠償金を払ってでも和議すべきである。そのためにロシアが資金を必要とするなら、フランスは同盟国である貴国に対して相当の援助を惜しまない。しかし戦争を継続しロシアが軍を極東に集中させるなら同盟の効果は期待できないことから、露仏同盟は空文となろう」

「ロシアは真に講和を願うが、一銭の賠償金も払うつもりはない」

「一八七〇年の普仏戦争でフランスは巨額の賠償金をドイツに払ったが、それでフランスの体面が損なわれることはなかった」

「ロシアは今まで他国に賠償金を払ったことはないし、今後も払うつもりはない。ただし日本軍がモスクワまで迫った場合は、また別だが」

ルーベは「フランス観戦武官の報告などからも、戦争継続はロシアに何の利益ももたらすこともなく、かえって講和の条件を悪くするだけだ」と警告。

当時のヨーロッパはイギリス、ドイツ、フランス、それにロシアを加えた強国が、それぞれ微妙な利害関係で絡み合っていた。お互いが疑心暗鬼で、真の友好関係は存在しなかった。

ウイッテはフランスに対して、こんな思いを抱いていた。

「もしフランスが真の友好国で、ロシアが対日戦争に踏み切る前に、ロシアに適切な助言をしてくれておれば、今日のような事態とはならなかったであろう」

これは身勝手というものであろう。ロシアが金本位制を採択したのをフランスが反対したことを、ロシアは「内政干渉」と強く退けたことから、両国はある期間、冷めた関係にあった。しかしこれまでロシア経済をさまざまな面で支援してきたフランスからすれば、開戦前後のロシアの態度は納得できないものがあった。ロシアが極東で苦戦している最中、フランスはアフリカ北部の帰属を巡って対立していたイギリスと手を結んでまで（一九〇四年八月の英仏協商）、自国の安全を確保し、場合によってはドイツとの協調まで考えていたのである。

ビオルク島のニコライ（左）とウイルヘルム

他方のドイツだが、露仏同盟は何かと目障りだった。ロシアの武力とフランスの資力が結びつくのはドイツにとっても脅威なのだ。ドイツはロシアとフランスの間に楔を打ち込むために、さまざま画策を試みた。ロシアを極東へ駆り立てたのもその一つである。

しかしウイッテがフランスに滞在中に仰天ニュー

スが飛び込んできた。ニコライとウイルヘルムがフィンランド沿岸のビオルク島で会見する予定だというのである。ドイツの思惑に散々振り回されてきたニコライが、なぜこの時期にウイルヘルムと会談するのか、その真意を確かめるためにウイッテはラムズドルフに問い合わせたところ「家族的な互いの訪問で、政治的な意味を持つものではない」との回答があった。腹に一物も二物もあるウイルヘルムが、この火急な時期に家族的交流などありえないことだった。

実は六月三日、ウイルヘルムはニコライに長文の書簡を送っていた。

「戦争を止めないと、ロシア国内の不満が爆発して革命が起こり、皇帝自身の命が危うくなる」と、たっぷり脅しの利いた中身で、ニコライがルーズベルトの和議調停に乗る気になったのも、ウイルヘルムのこの手紙にあったとされている。また手紙にはこんな内容も盛り込まれてあった。

「私はルーズベルトと懇意である。もし君が希望するならルーズベルトと内密に連絡を取り、君を援助してあげよう」

ロシアを焚き付けたウイルヘルムを、今度は火消しに走らせた背景にはフランスがあった。ロシアの状況がこれ以上悪くなると困るフランスは、直接、日本に和解を持ちかけたが日本は乗ってこなかった。ロシアと同盟関係にあるフランスを日本は信用していなかった。フランスが和平に動いたと知ったウイルヘルムは、フランスがそろそろ戦争を止めさせたいと考えているイギリスと結託して日露の和議が成立した場合、ドイツが時勢にとり残されるとの懸念から、自ら動いたと思われる。列強による世界の地理上の配分が、ほぼ終わった今、残るのは極東の老大国中国の分割だ。中国分割に際しての発言力を確保するために、極東平和の問題、すなわち日露の講和に一枚かんでおくべきだと判断したウイルヘルムが、次に打った手はアメリカの腹を探ることであった。ウイルヘルムはルーズベルトに書簡を送った。

「英仏が企んでいる調停は中国の領土分割が目的だ。この際、中国に利害を持たない貴国が出馬し、彼らの陰謀を阻止してもらいたい。もとよりドイツは中国に何らの野心も持っていないことを、ここに言明する」

ウイルヘルムの提案は藪蛇だった。中国に領土的野心はないとの言質を与えただけでなく、ウイルヘルムの底意を見抜いたルーズベルトは「バカげた空想」と一蹴。しかしこのことがルーズベルトが調停に乗りだす糸口となって世界は動いたのである。

ウイッテの疑心暗鬼

七月二十七日、フランスのシェルブール港を出航したウイッテらロシア全権団は八月二日、ニューヨークに到着。船上での六日間、寂寥感と疑心暗鬼にさいなまれたウイッテは、ひたすら雑念と戦いながら、これから現実となる熾烈な外交交渉に全神経を集中させた。

フランスでウイッテはさまざまな場面で屈辱を味わった。フランス首脳、さらに国民大衆に至るまで、ロシア帝国の主席全権に対する接し方は、以前、大蔵大臣として来訪したときに比べてはるかに冷淡であった。まるで小国の代表でもあるかのような民衆の態度、視線。フランスはもはやロシアを大国と見ていないかのようであった。

パリ滞在中にロシアの革命団体の一方の指導者ブルツェフから「ロシアは独裁政治を廃さねばならない。もし講和がなってかえって独裁政治の存続を救けるものなら、そんな講和は成り立たせる必要がない」と脅迫めいた意見書を受け取った。ウイッテはその内容をラムズドルフに送った。折り返しラムズドルフから皇帝に見せたという返事はきたが、ただそれだけだった。今や国民の総意ともなりつつある革命派は和平交渉そのものを認めていないのである。

しかしそんなことよりも気掛かりなのはウイルヘルムとニコライが何のために会い、何を話し合ったか。全権として大役に臨む自分が、なぜ蚊帳の外にあるのか。

最後にウイッテは腹をくくった。そして主席全権として、次の態度で交渉に臨むことに決めた。

一、ロシアは自ら望んで講和に来たのではない。周囲の諸国が戦争の継続を望まないから、その意見を受け入れたにすぎない。

二、大国ロシアの全権代表として大きく構える。ロシアはもともとこの戦争を重要視していなかったから、その勝敗について少しも痛痒を感じない態度を示す。

三、アメリカは新聞が有力なので、記者たちに好印象を与える。

四、ユダヤ勢力が強大なことから、彼らの不興を買うような挙動のないよう細心の注意を払う。

特に留意したのは新聞記者への対応だ。ウイッテは同行したジャーナリストの中からジロンを重用し、アメリカでのマスコミ対策を命じた。ジロンは父はイギリス人、母はアイルランド人、ロシアでは大学教授の職にありロシアの現状にも精通しており、アメリカ、イギリスで文筆家として知られているジロンを、ウイッテは最大限に活用した。

ウイッテはジロンの進言にしたがって、駐米大使ローゼンに電報を打ち、ニューヨーク到着時に多数の新聞記者を集めるように手配した。ロシアとウイッテの存在をアメリカ民衆に、華々しくアピールするためである。南北戦争の際、ロシアは北軍を支援したこともあって、ニューヨーク市民はウイッテを熱烈歓迎した。

「アメリカ滞在中の私は恰《あたか》も大舞台に立った俳優のように衆人環視の中にあった」とウイッテは『回想記』に記している。ジロンの戦術は当たった。効果は絶大であった。

八月十日、いよいよ本会議が始まった。日本側が提案した、次の十二項目が叩き台となった。

一、ロシアは韓国における日本の優越権を認める。

二、ロシア軍は満洲から撤退する。

三、日本は行政改善の保証を得た後、満洲を中国に返還する。

アメリカ市民から歓迎されるウイッテ

四、日露両国は中国が工業発展のため列国に共通する措置をとることを阻害しない。

五、ロシアはサハリン（樺太）及び付属諸島を日本に割譲する。

六、ロシアは遼東半島の租借権を日本に譲渡する。

七、ロシアはハルビン・旅順間鉄道及びその付属炭鉱を日本に譲渡する。
八、ロシアは東清鉄道を商工業用にのみ使用する。
九、ロシアは戦費を日本に払い戻す。
十、ロシアは中立国に避難した軍艦を日本に引き渡す。
十一、ロシアは日本海における海軍力を制限する。
十二、ロシアは日本海、オホーツク海、ベーリング海に接する露国沿岸領土の漁業権を日本に与える。

十二日、ウィッテは十二ケ条に対する回答書を小村に手渡した。第五、第九条は断固拒絶。他は多少の含みを持たせたものだった。その後の決着に至るまでのプロセスはもとより重要だが、紙幅をとりすぎるので割譲する。興味のある方はそちらに主眼を置いた本がいくらも出ているから、そちらをご覧いただきたい。

八月二十九日、幾多の障壁を克服して講和が成立した。最後の障壁は樺太問題だった。当初、日本の要求は樺太全島の割譲だった。これをロシアが拒否すると、日本は割譲は南樺太に止め、北樺太は一度は日本に割譲した形を取った後、ロシアに返還。ロシアは返還の対価を日本に支払うところまで譲歩したが、ロシアは譲らず、最終的に南樺太を日本に割譲することで、双方が妥協した。

最終決着を見た後、控え室に戻ったウイッテは、随行員に向かって叫んだ。

「諸君、平和は決まった。おめでとう。日本はすべてを譲歩した」

しかし……。

講和会議の日本全権・小村寿太郎

ウイッテにとっても小村にとっても、その後、厳しい現実が待ち受けていた。講和の条件は日露双方にとって、それぞれに難点があり満足できるものではなかった。

高熱（一説には肺尖カタル）に苦しみながら帰朝した小村を待っていたのは国民の罵声だった。戦争は日本の大勝で多大な収穫を期待した国民にとって、小村がもたらした成果はあまりにも小さすぎた。講和に不満を抱く、およそ三万の群衆が日比谷公園に集結して「小村を斬首せよ！」と叫び、その流れで警察署、交番を次々と焼き払い、内相官邸や御用新聞社などを襲った、いわゆる〈日比谷焼き討ち事件〉だ。十月十六日の小村の帰朝は大勢の警官に守られてのものとなった。

帰国して程なく、小村は病をおして北京に向かった。〈遼東半島の租借権〉〈長春（寛城子）・旅順間の鉄道と付属する諸権益〉などを実現するのに中国政府の承認が必要だった。しかしポーツマスの講和交渉で、常に蚊帳の外に置かれた中国は講和条約そのものを認めていなかった。

会議は十一月十七日から開かれ、激しい応酬の末、十二月十九日に決着した。実に会を重ねること二十一回に及んだ。ロシアが南満洲に所有していた権益が日本に引き継がれることになった。一九〇六年六月、南満洲鉄道（満鉄）が誕生、同年九月に関東軍が誕生。以来、満鉄と関東軍は車の両輪となって満洲開発を押し進め、一九三一年に満洲事変が勃発、翌年の満洲国建国となるのである。

ニコライとウイッテ

ウイッテのアメリカの人気は上々であった。気をよくしたローゼン（開戦時の駐日大使で当時は駐米大使、ポーツマスでは全権次席を務めた）はウイッテに「この際、アメリカとの友好を深めるために、アメリカの主要都市を巡遊されてはどうか」と勧めた。その気になったウイッテがそのことをラムズドルフに伝えたところ、本国ではとんだ騒動になっていた。「ウイッテは首相兼外相になるつもりだ」「ロシア共和国の初代大統領を狙っている」などウイッテへの非難中傷の声が渦巻いていたのである。

ニコライは臣下の手柄に嫉妬するような了見の狭い人物ではなかったが、なぜかウイッテに対してはそうではない一面があった。父アレクサンドル三世から取り立てられたウイッテには特別な感情があったようだ。

ある時、ニコライは側近にこうもらしたことがある。

「ウイッテが議論を始めるとそれまで反対していた者までが引き込まれて賛成に回ってしまう。だから彼に名を成す機会を与えてはならないのだ」

ウイッテが大蔵大臣の頃、極東巡察の折、日本行きを思い立ってニコライに許可を求めたところ「日本に行くのはよい。しかしその場合は一個人として行くことにせよ」との返電があった。大蔵大臣の肩書きを外して、一私人として行くことは現実的でないばかりではなく意味がない。ニコライの真意を測りかねかねたウイッテは日本行きを断念した。

ウイッテをロシア全権としてポーツマスに派遣することに決定したとき「ウイッテは自分の名を成すに熱心なあまり、陛下の訓令に背いて講和を決定する恐れがある」と進言したのは大蔵大臣のココフツォフであった。事実、樺太南部の割譲は「一片の領土も与えてはならない」とのニコライの訓令になかったことだが、ウイッテは講和を実現するには、この程度の譲歩は止むをえないとの判断から、最終回答を前にニコライに指示を仰いだ。またニコライが最終的に了解したのはルーズベルトの直接の助言によるもので、ウイッテの「進言」によるものではなかった。

ニコライは講和の最終条文を目にしたとき、これを承認するかどうか迷った。しかし各国首脳から、次々と寄せられる講和への賛辞から、改めて講和の意味の大きさが理解できたとされている。こんなところにもニコライの性格の弱さが覗く。国家の一大事を自分の意志で決められないところに皇帝としての限界があったのである。クロパトキンの後任の満洲軍総司令官のリネヴィチとウイッテとの間には一度の交信もなかった。ウイッテがロシアを出発した後の七月七日、日本軍は樺太に上陸して北上、ロシア軍はほとんど抵抗しなかったことから、八月一日には樺太全島を占領した。その責任を問われて召還されたリネヴィチは「すべてはウイッテのせいだ。これさえなければ、オレは日本人に思い知らせてやれたのに」と勝手な気炎を吐いた。

ウイッテの逡巡

ウイッテは病んでいた、身も心も。ウイッテは渡米以前から咽喉部を患っていた。痛みを押さえるために、過度のコカインを使用したことで、神経にも変調をきたしていた。

ウイッテは調印に臨むその日の心境をこう書き残している。

「私はどうしても講和を成立させることが、ロシアのために絶対に必要だと信じていた。もし講和が成立しない場合には、ロシアには新たに色々な災禍が起こり、革命的大動乱となり、ついには私が心から崇拝する帝朝を転覆しなければ止まないことを恐れたからである。

しかし他面において、私をして講和成立を前に逡巡させるなにものかがあった。講和の条件は私の予定より幾分か良好であったが、結局、私は戦勝者としてでなく、敗戦者として署名調印しなければならない。ロシアは既往何十年間こんな侮辱を蒙ったことがない。私は今度の戦争の結果を恐れて終始反対した。そしてこの反対のために陛下の不興を受けた私が講和締結者となり、ロシア人として忍びがたい恥辱を感じながら条約に署名する役割を演じなければならないとは、何という運命の悪戯であろう」

そんな思いを抱きながら交渉の成果を、すなわち失うものを最小に止めることができた要因を、ウイッテこう分析している。

「独裁君主の代表でありながら、政治家として社会人としてアメリカ人と少しも異なったところのない人間であることを知らしめることができた」「アメリカの新聞を味方につけることができた」「アメリカ在住のユダヤ人が、私が決して反ユダヤ主義者でないことを知って、何ら妨害しなかったばかりか、中には私をロシアには稀なユダヤ人愛護者であるとして、私に政界に勢力を持つことを希望した」

いうなれば自分自身への採点簿である。ウイッテ自身が指摘しているように、絶対君主国家のロシアは民主主義国家のアメリカから見れば、普通ならざる国なのである。

ウイッテはこうもいっている。

「ルーズベルトは選挙で負けると、ただの一市民になるが、わが国の皇帝は死ぬまでその地位にある」

権謀術策渦巻くロシアの政界を生き抜いてきた政治家であるウイッテが、頭ではわかっていても言葉や態度で大統領と皇帝の違いを実感できたのは、やはりロシアでは図抜けた国際感覚の持ち主であったといえるのではないか。

ロシアにおけるユダヤ人虐待については、先に触れたが、一八八〇〜一九一四年に二百万人のユダヤ人がアメリカに逃れた。ユダヤ人虐待の先頭に立ったプレヴェのユダヤ人虐待政策に身を以て反対したのがウイッテであった。「君はユダヤ人を支持しているそうだが、本当かね」とアレクサンドル三世に問われてウイッテは「陛下はロシアにいる全ユダヤ人を黒海に投げ込むことができますか」と答えた。ちなみにウイッテの二度目の妻はユダヤ人だった。

成功の要因にもう一つ何かを加えるとすれば、ロシアの置かれた立場を冷静に見る目を持っていたことであろう。

当面の相手はルーズベルト。ルーズベルトの立場を理解することがロシアの利益に結びつくのである。

「ルーズベルトは講和の提唱者であることから、当然、講和の成立を願っていた。それは近くに控えた彼の選挙のためでもあった。彼は日本に同情していた。しかしアメリカの世論がロシアに傾きつつあることを察した彼は、日本に要求の大部分を断念するよう説得した。また日本があまりにも勢力を増すことはアメリカの利益にならないという、ヨーロッパの外交家なら誰もが考えることが理解できなかったルーズベルトがやっと理解することができた」

パリに一月余も滞在したのは、決してムダではなかったのである。ペテルブルグにいては知り得ない情報がパリではつかめた。

アメリカの世論作りに全米ユダヤ人協会の果たした役割は大きかった。会長のジェイコブ・シフは投資銀行クーン・ローブ商会首席代表であり、なかなか買い手がつかなかった日本の外債を、最初に買った人物であり、ハリマンの満鉄買収劇の黒幕だった人物。外債が成功していなければ日本は戦争が継続できなかった。いわば日本の恩人がこの時はウイッテに味方した。

アメリカ滞在中のウイッテをシフは二度訪ねている。シフはロシアにおけるユダヤ政策に強く抗議した。ドイツ生まれのユダヤ人であるシフは、ロシアから逃れてきたユダヤ人からロシアにおける同胞の悲惨な状況を聞いていた。しかしそこには幾分の誇張もあったことから、ウイッテは誤解を解くことに努め、話し合っているうちに相互理解が深まった。シフを中心とするユダヤ系財閥は、当時、モルガン財閥に並ぶ力があった。

ウイルヘルムの世界観

アメリカからの帰途、ウイッテがヨーロッパで最初に寄港したのがイギリスのサザンプトンだった。イギリスは講和成立を歓迎した。日本が今以上強くなることを、イギリスは望んでいなかった。ウイッテは駐英ロシア大使を通じてエドワード七世の招待を受けていたが、ニコライの許可がないことから断わった。イギリスとの関係を改善するのに願ってもないチャンスであったが、ウイッテはニコライから「帰途、ドイツ皇帝に謁見せよ」との命令を受けていた。つまり寄り道しないで帰って来いというのである。

イギリスからフランスに渡ったウイッテはルーベル大統領と会った。ニコライの命に背いたわけだが、ロシア最大の債権国のフランスを素通りすることはできなかった。フランスとドイツはモロッコ問題で紛糾の最中にあって、ドイツを刺激しないために、フランス滞在は一日で切り上げてベルリンに向かった。

ドイツでウイッテは市民の熱烈な歓迎を受けた。ウイルヘルムはロシアとの国境に近いロミンテンの、彼が狩猟の時に使う別荘にウイッテを招いた。

ウイルヘルムはポーツマスでのウイッテの功績を絶賛した後、話題はヨーロッパの政情に移った。

「ヨーロッパ大陸は少なくとも強国だけでも争いを中止して連盟を締結しなければ、五十年百年の後の世界の先進国たる名誉を失う恐れがあります」とウイッテ。〈露独仏三国同盟〉は、かねてからのウイッテの持論で、先にウイルヘルムがペテルブルグを訪れた時にも耳に入れたことがある。ウイルヘルムはそのことを忘れてはいなかった。さらにウイッテは「この連盟によって各国は陸軍の軍費を大幅に縮小でき、それを海上に向けることによって、全世界に雄飛することができます」

ウイルヘルムは首肯しながら「問題はフランスだ」といった。ウイッテは強い意見は挟まずに「フランスは代わりつつあります」というにとどめた。ウイルヘルムは

「三国が結ぶ話は、先のビオルクでの露帝との会見でも触れた」といった。

しかしそれにしてもウイッテの発想は、今日の欧州連合（EU）そのものではないか。恐るべき先見性を備えた政治家というべきであろう。

話題はロシアの国内に移った。ロシア国内の現状についてである。

「国内騒乱の原因は対内政策が不備なこと、また日本との戦争を開始するという大きな誤りをやったことで、この敗戦のために、益々国内が乱れてきたのです。こうして政府は国民に対する威信を失ったのですから、憲法の発布は避けがたいと思います」とウイッテがいうと、ウイルヘルムは「社会が要求する改革は、結局は行なわねばならない。しかしこれは漸次に行なうより一時に断固たる改革を行なって、その以後は決して譲歩的態度に出てはならない。このことは貴国の皇帝にも進言しておいた」

ウイッテはウイルヘルムの発言から、先のフィンランド沿岸のビオルク島でのニコライとの会談が、ラムズドルフがいうような家庭的な相互訪問ではなく、相当に突っ込んだ政治的な話し合いがなされたものと確信したが、それ以上のことはウイルヘルムは口にしなかった。自国の皇帝に聞けということであろうとウイッテは理解した。

ウイッテは『回想記』のウイルヘルムとの会見の項の最後にこんな記載がある。

「皇帝は日露戦争の原因については一言も触れなかった。これは私がドイツが膠州湾を占領した当時、駐露参事官チルスキーを通じて、皇帝に伝言していたからだと思われた。日露戦争の一面はドイツの膠州湾占領に起因している。その結果が我がロシアの敗戦となったのである」

この続きがあるのだが、ふりかえってこの時、ウイッテがチルスキーに依頼した伝言の中身である。

「私が私の利益のために、ドイツの利益のために青島の報復手段をやめるよう懇願していると伝えてください。この行動はすでに第一歩において物議をかもしているし、事件の進展は将来、さらに恐るべき結果を招致することになります。もし膺懲の必要があるなら犯人を処罰させ、必要ならば賠償金を課し、とにかく速やかに青島から撤退することを切望していると、貴下の皇帝にお伝えください」

しかしウイルヘルムの返答は「彼がこの事件に関する最も本質的な内容を知っていないということを看取した。したがって、我々は彼の提議に応じることはできない」であった。

先の〈私〉、後の〈彼〉はウイッテだ。つまりウイッテはドイツの青島占領がアジアに重大な禍根を招きかねず、思い止まるよう進言したのだが、ウイルヘルムはもとより先刻承知で、ドイツが中国の一部を占領すれば、かならずロシアも続き、その結果、アジアに地殻変動が起こることを見込んでやったことなので、現実はそのとおりになった。

ウイルヘルムが望んだとおり、日露は衝突しロシアが負け、今、敗戦国ロシアを代表として日本と交渉を終えたばかりのウイッテがその報告のために、自分の前に現われたのである。すべてはウイルヘルムの思惑どおりに運んでいたのである。

そこで先の続きだが、ウイルヘルムは帰国するウイッテにドイツの最高の勲章である〈赤鷲勲章〉を授けた。そこには『ポーツマス＝ビオルク＝ロミンテン。ウイルヘルム皇帝』とのサインが添えてあった。

「皇帝は私との談話によって『既に我が事成れり』との確信を抱いたのであった。即ちロシアが戦争で疲弊したため、東方からの脅威は全く除去された。『ポーツマス＝ビオルク』は西方の安寧を意味するものとなった。一滴の血も、一ペニッヒの金を失わずに、ドイツは大成功を収めることになったと思ったのである」

ニコライの裏切り

ウイッテがペテルブルグに到着したのは九月十六日。ペテルブルグの市中は、すでに革命色が強かったことから秘密裏の帰国となった。ウイッテも小村同様、四面楚歌での帰国となったのである。

ニコライとの謁見は翌日となった。家族と共にフィンランド湾の船旅を楽しんでいたニコライがとある小島にウイッテを招いた。拝謁の場所は船中の一室。

ウイッテはニコライから過分なほどの称揚を受けた。すでにウイルヘルムからの書状が届いていた。

ウイッテは今回の功績によって伯爵を授かった。

だがロシア社会はウイッテを歓迎してはいなかった。繰り返しになるが、ウイッテは集中砲火を浴びた。保守派の新聞は「戦争を継続すれば、必ず勝てるはずであった。然るにウイッテが講和を締結したのは国策を誤ったものである」「ウイッテは反逆人である。皇帝を欺き陛下の意志に反して講和を締結したのである」「ウイッテを広場に引き出し、市民の眼の前で絞殺すべし」と書き立てた。特に非難が集中したのは南樺太の割譲で「半サハリンスキー伯爵」のあだ名でウイッテを指弾。

宮廷内部、陸軍からも激しい非難が起きた。ウイッテの直言を「皇帝を皇帝とも思わぬ態度」と批判した皇后の影響も大きかった。「我々がいよいよこれから日本軍を撃破しようとした時、ウイッテが平和を締結したのだ！」といきり立ったのはリネヴィチとクロパトキン。

しかしウイッテにとって一番のショックはニコライの「講和の締結が時期を得なかった」との発言だった。講和を決断したのは、ほかならぬニコライである。戦争を終決させ、国内対策に専念できる状況を作り出したこと、つまりポーツマスでの成果をニコライはまったく評価していなかったのである。

数日後、ラムズドルフがウイッテに書状を手渡した。「驚かないでくれ。ビオルク条約だ。昨日、陛下から手渡された。私はこの条約のあることを知らなかった」

その中身は、実に驚くべきものであった。要点は「ドイツとロシア両国はその一国がヨーロッパの他の一国と戦争する場合、互いに援助する」というものであった。オーストリア、イタリアはドイツと同盟関係にあるから対象外である。残るはフランスとイギリスだが、海を隔てたイギリスとの陸戦は考えにくい。となればこの条約はフランスのために用意されたことになる。ロシアとフランスは同盟関係にあるというのにである。条約の末尾に「この条約はポーツマス条約が批准される日を以て効力を発生する」とある。

ビオルク条約は、すでに発効しているのである。ウイッテはラムズドルフに問いかけた。

「陛下はわが国がフランスと同盟関係にあることをご存じないのか」

もとより知らないはずがない。

「ドイツ皇帝に巧みに謀られてしまったものとしか考えられない」

それにしてもウイルヘルムは一筋縄ではいかない謀略家である。東の隣国ロシアを不毛の戦争に追いやり、敗戦へと導き、さらに今、西の隣国フランスを孤立に追い込むべく画策したのである。

十月三十日、憲法と国会を約束する詔勅が発表され、同時にウイッテは名誉職でしかなかった大臣会議議長に各大臣を統括指導する権限が与えられた。他の国でいう首相である。ウイッテはニコライにビオルク条約の破棄を迫り、これを実現させた。

首相に就任してからもウイッテは陰謀と中傷とに玩《もてあそ》ばれた。根っこには、いつもニコライの存在があった。ニコライの関心を買うために側近たちが、流言蜚語を飛ばすのである。ニコライの本音はウイッテが首相になることも、彼のやること成すこと、すべてが気に入らなかった。そもそもウイッテをポーツマスに派遣したことを後悔していた。絶対君主である自分に対して、表面はへり下った態度ながら、どこか高みからものいうところのある〈有能な家臣〉の存在が疎ましかったのであろう。

だがウイッテはやらなければならないことがあった。日露戦争で発生した多額の外債の清算である。ビオルク条約をロシアが破棄したことによって、目指す外交政策が揺らいだウイルヘルムの妨害によって、何度か暗礁に乗り掛かったが、一九〇六年四月十六日、パリで開かれたロシアとフランス、ドイツらの国際シンジケートとの間に外債協約が成立した。

十四日、ウイッテは首相の辞意を表明。ニコライは外債問題に奔走したウイッテを「君の経歴に輝かしい一ページを加えることになった」と称賛しながらも、慰留はしなかった。

この項はウイッテの『回想記』が下敷きになっている部分が多い。『回想記』は世に出て以来、ウイッテが自己弁護のために書いたものであるとの厳しい評価が一部にある。政治家が書き残したものは、多かれ少なかれそうした要素はある。しかしだからといってこの時代のロシアの支配層の中枢にあった者の記録としての価値は、いささかも損なわれるものではない。賢明な読者は一歩引いて見る目をお持ちのはずである。

ともあれウイッテの日露戦争は、かくして終わったのである。

講和交渉は戦争の延長戦　――あとがきにかえて

ポーツマス講和とエール提案

ポーツマスにおける日露の講和交渉に金子堅太郎（一八五三～一九四二年）という陰の立役者がいたことは、よく知られている。ポーツマスでの談判の席で日本側が提示した十二ケ条が、金子が提案した文案が下敷きにあったことも、今では秘密ではなくなった。しかし金子の文案がアメリカのエール大学の複数の教授からの提案であったこと、その提案に日本の一歴史学者が関わっていたことは、いまだ認知されているとはいえない。

その歴史学者の名は朝河貫一（一八七三～一九四九年）。

朝河はどんな人物なのか。日露の講和にどのような役割をはたしたのか。講和に対する日本のあるべき立場を真摯に追求した、朝河を理解することは日露戦争を回顧するにあたって、必要不可欠であることから、朝河貫一を本書の締め括りとした。

しかし朝河の前に金子を語らねばなるまい。アメリカ大統領セオドア・ルーズベルトと適宜コンタクトしながら、ポーツマスの小村寿太郎に情報を送り続けた金子の存在抜きに講和は語れないからである。

福岡藩士の子として生まれた金子は一八七一年、旧藩主黒田長知に随行して渡米、ハーバード大学で法学を学び、帰国後、伊藤博文の求めで憲法草案作りに携わることとなり、欧米各国を歴訪して憲法と議会制度を学んだ。一八九八年の第三次伊藤内閣に農商大臣として入閣、続く第四次内閣で法務大臣に就任した経歴からも、金子は生粋の伊藤人脈の一人といえる。

日本が対露開戦を決意したのは一九〇四年二月四日の御前会議だ。

その夜、伊藤は金子を自宅に呼んだ。『金子堅太郎・回顧録　日露戦争・日米交渉秘話』（石塚正英編、長崎出版社）によれば、伊藤と金子の間にこんなやりとりがあった。

「今日、御前会議に於いて日露開戦と決まった。ついては君にすぐアメリカに行ってもらいたい。この戦争は一年続くか、二年続くか又は三年続くかしらぬが、もし勝敗が決しなければ両国の中に入って調停する国がなければならぬ。それはイギリスはわが同盟国だからくちばしは出せぬ。フランスはロシアの同盟国であるからまたしかりで、ドイツは日本に対して甚だよくない態度をとっている。ただ頼むところはアメリカ合衆国一つだけである。公平な立場に於いて日露の間に介在して、平和克復を勧告するのはアメリカ大統領の外にない」

金子とルーズベルトがハーバード大学の同窓であることを見込んでのことである。同窓とはいってもルーズベルトが入学したのは、金子が卒業した翌年のことで、机を並べて学んだという間柄ではない。しかし卒業後も頻繁にアメリカと行き来していた金子とルーズベルトとの間には同窓という垣根を越えた親交があった。

それにしても随分と手回しのいいことである。戦争を始めると決めた時から、終わり方を考えていたのである。動機も勝算もないまま紛争を拡大して行き、ついにアメリカとの衝突を招いた、昭和の指導者との違いは歴然だ。

しかし金子は伊藤の申し出を断わる。アメリカが日本に有利に裁定してくれるとはかぎらないからである。その理由は八章で触れたから重複は避けるが、これまでの関係から、むしろアメリカはロシアの肩を持つのではないかと、金子は考えたのだ。

だが伊藤は引かない。

「ルーズベルトとの関係は君が一番親密だ。君の外にない。君が行かなければアメリカを取り逃がすことになる」

それでも首を縦に振らない金子に、伊藤はなおも迫る。

「君は成功不成功の懸念のために行かないのか」

「さようでございます」

金子の返事はニベもない。中途半端な主従関係では、ここまではいえない。ということは二人は腹蔵なく意見が交わせる関係であったということである。

金子堅太郎

「ならば言うが、今度の戦いについて一人として成功すると思う者はいない。陸軍でも海軍でも大蔵でも、今度の戦いで日本が確実に勝つと見込みを立てる者は一人もいない。しかしながら打ち棄てておけばロシアは満洲を占領し、朝鮮を侵略し、ついにはわが国を脅迫するまで暴威をふるうであろう。事ここに至れば国を賭して戦うの一途あるのみである。成功不成功など眼中にない」
この後に出るセリフが、後世に残る「伊藤は身を士卒に伍して鉄砲をかついで、山陰道か九州海岸に於いて博文の生命あらん限りロシア軍を防ぎ、敵兵は一歩たりとも日本の土を踏ませぬ決意をしている」である。
六十三歳になる明治の元勲が一兵卒となって戦うというのである。これ以上の殺し文句はあるまい。伊藤にここまでいわれた金子は腹をくくるしかなかった。

金子はこの後、首相の桂太郎、外相の小村、もう一人の元勲山県有朋、陸軍大臣寺内正毅、参謀本部次長児玉源太郎、海軍大臣山本権兵衛を訪ねて、日本首脳の腹を確かめた。

児玉とはこんなやりとりがあった。

児玉「六ぺん勝って四へん負けるとなれば、そのうち調停者は出るだろう」

金子「そうか。それでは僕がニューヨークの大講堂で、日本に同情せよ、ロシアは実にけしからぬ国である、日本は国運を賭して戦っていると大雄弁をふるっている最中に、日本の負け戦という電報が四度来るんだ」

児玉「それは仕方ない。しかし六ぺんは勝ち戦の電報が行くようにするから、そのつもりでいたまえ」

山本とは。

山本「日本の軍艦の半分は沈む。人間も半分は死ぬ。しかし残りの半分でロシアの艦隊を全滅させる」

金子「すると海軍の方が陸軍よりましだということだ」

開戦直前まで開戦を避けるために、ロシアと交渉してきた伊藤は親露派とされているが、伊藤は四方に気を配っていた。伊藤は国際派だったのである。

しかし開戦と決まると、かくも腹を固めた。それにしても彼らは本音で語っている。時を経て本音の部分だけが残ったのかも知れないが、人を動かすには本音で語らなければダメだということである。それに比べて、今日の日本のリーダーたちはどうか。語る本音も、理念もないように思える。

話をポーツマスに戻すと、金子は二月二十四日、坂井徳太郎、鈴木純一郎を伴って横浜港を出航、三月十一日、サンフランシスコに到着、陸路、十八日にニューヨークに入った。

道々、出会う日本人はみな悲痛な面持ちで「日本はどうなりますか」と金子に聞く。ワシントンではロシア大使のカシニーが日本の奇襲（仁川沖海戦）をとらえて大々的に反日キャンペーンを展開。連日のように大勢の新聞記者を招いて飲食の接待をした上で、「今度の戦いはキリスト教国と非キリスト教国との戦争だ」「日本は宣戦布告もしないで攻撃してくる卑怯な国だ」と「キリスト教国でない日本は野蛮国だ」との印象づけるのに懸命だった。ドイツ大使ゼトランドまでが「日本が勝てば、次はフィリピンを侵略し、ドイツが領有している膠州湾を狙っている」と根も葉もないことで反日感情を煽る。フィリピンはスペインとの戦争（一八九八年）に勝利したアメリカが取得したばかりだ。

アメリカの状況は金子が予測していた以上に日本に悪かった。

三月二十六日、ルーズベルトとのアポが取れた。ルーズベルトは旧知の仲の金子に親愛の情を示しながらもこう語った。

「私は専制皇帝政治をとるロシアの政治形態を政治家として容認していない。それに比べて開国から五十年ほどしか経っていない日本が、積極的に欧米の新しい政治思想を取り入れ立憲政治を行なっていることに好意を持っている。戦争の将来についてだが、私は国防省や日露両国に駐在させているアメリカ武官からの情報を収集し、専門家に検討させている。その結果、国論が統一され厳しい軍律のもとに士気旺盛な軍隊を持つ日本の勝利に終わると確信している。また、私をはじめアメリカ政府の上層部は、一様に日本に好意をもっていることを知ってほしい」

だがそんなことは金子にとって一時の気休めでしかなかった。大統領とて世論には逆らえない。何としてでもアメリカの世論を味方にしなければならない。しかも日本はスタートで大きく出遅れているのだ。

金子はロシア・ドイツ連合軍に対抗すべくニューヨークを拠点に全米に呼び掛けた。ハーバードの人脈をフル回転、金子はハーバード大学ＯＢの集いであるハーバード倶楽部の日本支部の会長だ。しかしハーバードの人脈だけに頼っていたのでは限界がある。アメリカの生の声を活動に反映させたい。講和に臨んで、日本は何を要求して、何を要求すべきでないのか。戦争の歴史的評価は、戦場での勝ち負けだけでなく、どんな形で終決させるかによって決まる。その意味は講和交渉は戦争の延長戦なのだ。幸いなことに満洲での戦況は日本に有利に展開していた。鴨緑江渡河作戦に始まって金州・南山攻略戦、黄海海戦、蔚山沖海戦と陸も海も白星が続いている。

十月三日、坂井徳太郎（一八六九～一九五九年）は旧知のエール大学の事務局長アンソン・F・ストークスに手紙を送った。講和の条件についてアメリカの専門学者の考えが知りたかったのである。ストークスは坂井がハーバード大学を卒業後、エピスコパル神学校に在籍した時、共に学んだ仲で、単なる学友というより信仰上の深い結びつきがあった。ストークスから折り返し「信頼できるエール大学の複数の教授に相談して、できるだけ早くお知らせする」との返事があった。複数の教授とは国際法の権威・セオドア・S・ウールゼイと東洋史に詳しいフレデリック・U・ウィリアムスだった。およそ一週間が経って返事が届いた。それは「五原則」「五条件」「三争点」の十三の項目からなっていた。

「五原則」

一、ロシアは誠意を欠いた国である。

二、日本の立場は正当防衛である。
三、韓国のロシア化を防ぐ為に、日本は犠牲を払った。
四、中国が満洲を自衛できるように、中国の軍事的発展を導くこと。
五、満洲と韓国において、ロシアを含めた各国の機会均等を図ること。

「五条件」
一、極東におけるロシアの海軍力を五万トンに制限する。
二、満洲におけるロシアの政治的権力を破棄し、中国の主権を回復する。
三、旅順港は日本が一時保有し、後日（条件の成熟を待って）中国に返還する。
四、日本が韓国を保護するか、他の管理を行なう。
五、ロシアは中立国に係留されてある戦艦を日本に引き渡す。

「三争点」
一、賠償なし。
二、領土の割譲なし。
三、満洲における鉄道財産の処分問題。

坂井と金子がこの提案（以後エール提案）を、どのように受けとめたかはわからないが、金子の判断で三ヵ月、金子の手元に留め置かれた。講和条件にどう勘案させるべきかの答えが、この時点で見出だせなかったからではないかと思われる。

そんな折、金子に衝撃的なニュースが届く。沙河会戦での日本の敗北だ。日本からの知らせは「引き分け」であったが、ロシアからの急電、パリ、ベルリン、ロンドンからの報道は「ロシアの大勝利、日本の大敗北」であった。児玉の言う「一敗」が、ここにおいて現実となったのである。金子の脳裏をよぎったのは、次の「一敗」がいつ来るのか、何度来るのかであった。

しかし旅順の陥落で事態は一変した。講和の気運は一気に高まった。しかも日本に有利にである。

ルーズベルトは金子にこう告げた。

「一つ君に忠告しておく。どうかこのことを日本政府に通告してくれたまえ。旅順が陥落したからといって図に乗ってハルビンまで取ろうというような軍略は止めてもらいたい。かりにハルビンまで日本の兵が行ったところで、ロシアが降参するかといえば決してそうではない。ハルビンに行けば戦線は何百哩《マイル》に広がる。それを守備する兵隊が日本にあるか。またそれを補給すべき兵器弾薬があるかどうか。ゆえに旅順が落ちたからといってハルビンまで行こうと思うのは考えものだ。潮合いを見て戦争は止むもので、旅順陥落の今がその絶好の時機である。多分、ロシアも講和に応じるだろう」

ルーズベルトは日本に「調子に乗るな。程をわきまえろ」といっているのである。

だがロシアは講和を口にする一方で、次々と増援の軍隊を満洲に送り続けていた。五十万とも六十万ともいわれる大軍がハルビン周辺に集結したとの知らせが、金子の耳にも届いた。シベリア鉄道は単線で、しかもバイカル湖という隘路のあることから不可能とされていたことが現実になりつつある。ロシアは戦争を継続する気なのである。

戦後判明したことだが、バイカル線の補強を可能にしたのはアメリカの力があった。当時のロシアの鉄道大臣ヒルコフは貴族（伯爵）であったが、家が没落すると渡米、一工夫として鉄道の現場で働き、鉄道についての最高の技術と経営術を習得して帰国したという、変わった経歴の持ち主であった。ヒルコフはアメリカ時代のコネを使ってアメリカから優秀な技術者を呼び寄せ、最新の機関車、レールを輸入して不可能を可能にしたというのである。

だがアメリカ世論の風向きを変えたのは、およそ本筋から外れたささいな出来事であった。

旅順陥落後、本国への帰国の途次、長崎に立ち寄ったステッセル夫妻が五千ドルもの美術品、土産品を購入して船に積み込んで持ち帰ったという報道がアメリカの新聞を賑わした。

これが日本の追い風となった。兵士は破れた服、底の割れた靴を身に着けているというのに、敗北の最高責任者であるステッセルの態度が問われたのである。アメリカの大衆はロシアの正義に疑いを持ち始めた。アメリカの国民は国際情勢に疎いが、特有の正義感で白黒をつけるのは今もそうだが、昔もそうだったようだ。しかしそれにしてもステッセルはこんな大金を、なぜ持っていたのか。思い起こされるのは陥落直前の夜の、チフォンタイの代理人シュウとの密談の場面だ。

二月十二日、金子はエール提案を小村宛に電送することに踏み切った。日本は四月八日の閣議で「日露講和条件予定の件」を討議した。それは「絶対的必要条件三条件」「努めて貫徹を図るべき四条件」から成っていた。小村がポーツマスに持参した「日露講和談判全権委員に対する訓令案」は四月八日の「予定の件」をさらに煮詰め、六月三十日の閣議で決定されたもので、ここに至る過程でエール提案からの影響が少なからずあったというのが、今日では定説となっている。

以下がその「訓令案」である。

「絶対的必要条件」

帰国途上、日本に立ち寄ったステッセル

・韓国からロシアの権益を一切撤去し、同国は日本の利益下におく。
・日露両国軍隊は満洲から撤兵する。
・ロシアの有する旅順、大連その他遼東半島の租借権及びハルビン以南の鉄道、炭鉱を日本に譲渡する。
「比較的必要条件」
・ロシアは日本に対して軍費を賠償する。金額は十五億円を最高額とする。
・ロシアは中立国の港に係留されてある軍艦を日本に引き渡す。
・ロシアは樺太及び付属する諸島を日本に譲る。
・ロシアは日本に沿海州の漁業権を与える。
「付加条件」
・ロシアは極東の海軍力を制限する。
・ロシアはウラジオストクの軍備を撤去し、商港とする。

ロシア側が応じる可能性の高い順から「絶対的必要条件」「比較的必要条件」「付加条件」とのランク付けとなった。賠償と領土問題のランクが下なのは、ロシアが容易に受け入れないだろうと判断したからだが、決して諦めてはおらず、成否は小村の交渉手腕にかかっていた。

エール提案が「ロシアは誠意を欠いた国である」「日本の立場は正当防衛である」「韓国のロシア化を防ぐ為に、日本は犠牲を払った」など日本の立場を全面的に理解したのは、日本にとって励みになったであろうが、賠償金、領土と鉄道に関して厳しい見方をしている。ことに日本が絶対的必要条件の一つにあげている鉄道を最下位に置いたのは、当時のアメリカ国内における空気を反映したものと思われる。アメリカは満洲の鉄道に色気があったのである。満洲の鉄道にアメリカが一枚嚙むか、最悪でも国際管理のもとにしておきたいのが本音だった。

エール提案と朝河貫一

さて朝河貫一だ。朝河は一八七三年、明治六年に福島県二本松市に生まれた。福島県尋常中学校（現安積高校）、東京専門学校（現早稲田大学）を卒業後、一八九五年

ポーツマス講和会議場――ロシア側左より2人目がウイッテ、日本側右より3人目が小村

渡米。一八九九年ダートマス大学を卒業後、エール大学歴史科に入学、一九〇二年『大化の改新の研究』で博士号を取得した、新進気鋭の歴史研究家の一人だ。

次にエール提案と朝河の関わりである。朝河が研究論文『日露衝突』を著わしたのは、日露開戦から八ヵ月がたった一九〇四年十月、アメリカの権威ある雑誌の一つ『エール評論』五月号と八月号の二度にわたって掲載された論文を拡充発展させたもので、両国が開戦に至った経緯を外交と経済の両面から考察した内容は、時宜を得たこともあってアメリカとイギリスでは高い評価を得たが、英文であったことから日本ではほとんど知られることがなかった。

『日露衝突』は『ニューヨーク・タイムズ』など有力メディアが書評に取り上げるなど、雑誌掲載中から話題になった。交戦国民の朝河が「愛国心を排して公正な立場で日露戦争をとらえたこと」が高く評価されたのである。この論文がエール提案に少なからぬ影響したのは朝河研究者が等しく認識するところで、エール提案の作成者の一人ウイリアムス教授は、朝河のエール大学当時の指導教員であったばかりでなく、『日露衝突』の序文を書いた間柄なのである。ところが朝河の主張は日本では受け入れられないどころか、猛烈なパッシングに遭う。

ポーツマスにおける日露交渉は、八月二十三日、樺太問題で完全に暗礁に乗り上げた。小村とウイッテは三日後の交渉再開を約して席を立ったものの、解決のメドがあったわけではなかった。日本が樺太全土の譲渡を求めたのに対して、ロシアは北緯五十度以南を譲らない。日本は全土が譲渡された後、五十度以北をロシアに返還することとし、その代償として十二億円の支払いを求めるという妥協案を出したがロシアは拒絶、交渉決裂かと囁かれた。小村は「決裂のほかなし」と桂首相に打電。ウイッテのもとには「皇帝陛下はここに談判の打ち切りを正式に貴官に命じた」との急電が届いた。

明けて二十四日、アメリカの有力紙『ボストン・ヘラルド』に朝河のインタビュー記事が載った。朝河発言の骨子は「日本は韓国に対する支配的な影響力を求めてはならない」「ロシアは韓国の名誉を傷つけ、国家として権威を傷つけることはしてはならない」「日本はロシアに賠償を科すことを望むべきではない。余儀なくされた戦争における戦費のすべて（あるいは一部）を支払うことだけを望むべきである」

そして朝河はこう結んだ。「ある国の他の国に対する関係ではなく、中国の主権尊重と機会均等という原則の問題である」「日本はいかなる国も人種や宗教の観念から独立して、その資源を自由に発展させるべきだとする立場に立つ」

この発言に日本の関係者は驚天動地。日本による朝鮮支配を否定し、戦費の一部は要求しても、賠償金は求めてはならないとする論拠はどこから出たのか。争いのもとは領土ではなかったのか。中国の主権云々については日本、ロシアの当事国だけでなく、戦争をスタンドから観戦していた欧米諸国の脳味噌にはカケラもなかった。そもそも中国の主権と領土を侵し、富源を吸い取ったのは、彼らではなかったのか。

朝河発言は十月三十日の『東京朝日新聞』が取り上げ、朝河には「賠償無用を説く日本政府の回し者」の烙印が押された。「僅かな給料で学校の講師となり、一日五ドルのホテルに宿泊して、連日、外人に対して日本に不利なことをふりまいている」「われわれ記者の中には大いに憤慨し、彼を罵り、腕力に訴えたいとする者もいるが、いかにせん彼は日本語を一言も話さないから、罵り合えば、多数の外人に内部を知られ、かえって恥になることから、われわれは紳士の体面を保って腕力に訴えないまでも、再三戒めたことがある」

日露全権団が宿泊したポーツマスのウェントワースホテルは各国からの取材陣と物見高い観光客とで超満員。そんな中でダートマス大学講師の名刺を手にした日本人が「日本は領土も賠償も求めてはならない」といって歩いているのが目立たないはずがない。日本人記者の興味は今度の交渉で、どれだけの権益、賠償金、領土が分捕れるかにかかっていたのである。

しかし朝河には隠された部分があった。それを日本人記者は見抜けなかった。朝河は日本政府から正式に要請されたオブザーバーであったのだ。彼の滞在費用は日本政府が負担した。その意味では、まさしく「日本政府の回し者」だが、朝河に託された役割は外国の報道陣に日本の立場を理解させることにあった。しかし日本人記者の問い掛けにも英語でしか答えなかったことから、あらぬ誤解を招いたのだ。

では朝河は日露戦争をどう見ていたか。朝河は「日露の衝突は新旧立つの文明の劇的な戦いである」と捉えていた。「ロシアは旧文明の代表で、日本は新文明の代表」「ロシア経済は本質的に農業であるが、日本は主として工業である」「ロシアは陸における拡大を目指すが、日本は海を目指す」。つまりは「日露戦争は農業国ロシアと工業国日本」「大陸国ロシア対海洋国日本」の衝突であるというのが朝河の見方であった。

ロシアが勝利すればどうなるか。

「韓国と満洲だけでなく、モンゴルもロシアの属国か保護国になる」「日本の発展は阻止され、国勢は衰退。一方、ロシアは東洋のすべての国家権力に対して支配する立場をとる」「世界の貿易国はアジアの重要な経済分野から大部分か、あるいは完全に排除される。シベリア鉄道のコストを支払わされるかもしれない」「古い文明は不自然な体制の復活を享受し、その影響を受けて中国、韓国は勝者によって搾取される。外国からの改革圧力に対しては大部分は鎖国されよう」「これらすべての重大な帰結は、排他的な政策が原理として採用された結果であり、概して自由と進歩に有害なものと見てよい」

朝河は「旧体制、すなわちロシアの専制体制が復活、力を得てアジア全域が暗黒の時代に入る」と予測していたのである。

では日本が勝てばどうか。

「東方貿易の担い手としてのシベリア鉄道の重要性は、さらに影を薄くさせる。シベリアと満洲の広大な資源開発にふさわしい機能がますます必要になる」「中国、韓国は独立国にとどまるだけでなく、新しい文明の影響を受けて、その巨大な資源が開発され、その国家体制は改革されよう。その莫大な利点は東洋に関心を持つすべての国々によって享受される」「東洋に永久平和がもたらされ、人類の三分の一が向上する。日本の成長と進歩は、戦後において以前より、さらに顕著となろう」

これが世界から求められる日本の在り方であると、朝河はいいたかったのであろう。朝河は日本の勝利を強く望んでいた。日本に厳しい注文をつけたのは、期待が大きいからこそなのである。

「誰が勝者となるのか。それによって戦争の結果の違いは大きいものになる。どちらが勝つか、古い文明か新しい文明か。この瞬間、世界は別れ道に立つ」

何とも研ぎ澄まされた予見である。しかし朝河の理想は時の経過と共に現実と乖離して行く。アメリカのアジア外交の原則「主権尊重」「機会均等」は朝河の主張と重なるものがあるが、アメリカの原則は一皮剝けば帝国主義的植民地主義そのもので、中国の主権は中国に権益を持つ大国に害さない範囲で許されるもので、機会均等は中国の市場を大国で均等に分け合おうということにほかならない。まさに同床異夢なのである。

朝河は遼東半島の租借権が露清協約そのままの条件でロシアから日本に譲渡された

ことに強い不満を持った。主が変わっただけで、中国の主権が無視されたことに変わりはなかったからである。しかしアメリカをはじめ列強はこれを認めた。世界は変わらなかったのである。

朝河が日本外交の在り方に苦言を呈したのは、この時に限ったことではなかった。一八九六年には徳富蘇峰の『国民新聞』に一年半、二十九回にわたって日米の比較論を寄稿。「アメリカと友好関係を保つにはアメリカ人の特性を理解することが必要だ」と説いた。一八九八年には民友社発行の雑誌『国民の友』に「日本の対外方針」と題して「他国の私利に対して、自国の私利を剝き出しにするようでは、長い目で見て世界の理解は得られない」を主旨とする論文を発表した。

一九一五年、対中国二十一ケ条が問題化した際、朝河は時の首相大隈重信に直接檄文を送った。

「権益を取得して世界の排斥を受けるようなことはしてはならない。この際、権益は中国に返還して日本、アメリカ、イギリス、中国による協商が実現するよう努力すべきだ」

二十一ケ条の何が問題かというと、第一次世界大戦に日本はイギリスとの同盟関係の誼《よしみ》で参戦、ドイツがアジア、主として中国に持つ拠点を攻撃、奪取したが、返還を巡って中国との関係がこじれた。

日本の要求の主なものは、
・山東省内にドイツが所有する諸権益は日本が継承する。
・遼東半島の租借権、安奉線の借用期限を九十九年延長する。
・内蒙古における日本の独占的特権を認める。
・漢冶萍公司の共同経営。
・中国沿岸の港湾、島嶼の不割譲。
・中国政府は顧問に日本人を招き、地方の警官に日本人を配置する。
どこから見ても過剰要求である。この結果、それまで悪いのはドイツだったアメリカの世論が一転して日本が悪者になった。だが日本は譲らなかった。部分修正はしたものの、ほとんどそのままを中国に飲ませた。

同年五月九日、各項目及び交換公文が成立した。中国は五月九日を「国辱の日」とした。日本の理不尽な要求を、中国は涙ながらに飲んだのである。この時を境に中国の対日感情は急激に悪化するのである。

アメリカでの反日感情の高まりに危機感を覚えた朝河は、五月二十四日、再び大隈に信書を送った。

「日本の将来の一大事は、中国に関する日米の相互感情如何にあり」

朝河は、将来、日米が衝突するとすれば、それは中国問題であると、この時点で洞察していたのである。そして現実はそのとおりになった。

それにつけても想起されるのは元首相石橋湛山（一八八四〜一九七三年）だ。石橋は二十一ケ条について、イギリスなど先進国がテリトリー・ゲームからウェルス・ゲームに転じつつあるのに倣って、日本も施策を転換すべきだと政府の対応を批判。領土ではなく公益による利益を重視すべきだとしたのである。しかし領土、権益の拡大こそが国益だとする政府、及び日本国民には朝河や石橋の考えは理想論としか映らなかった。

日本の帝国主義の鼓動は朝鮮半島に始まった。テリトリー・ゲームの味をしめた日本の拡大主義はとどまることを知らなかった。日露戦争に勝利したことで、軍部が力を得た。その後の経済の行き詰まりと政治の腐敗とで日本中が閉塞感に覆われ、国民は出口の見えない現実の中に置かれた。満洲事変における軍部の独走に国民の多くが熱く支持したのは、その先に何かの可能性を見たからである。今でいう「チェンジ」である。

しかしその結果はどうであったか。軍部の暴走は止まるところを知らず、上海事変は中国との全面戦争へと発展、ついに対米戦争に至った。「坂の上の雲」から「坂の下への淵」への転落である。

対米戦争の敗戦から六十余年、われわれは奇跡ともいえる平和と繁栄に浸ってきたが、今、超ド級のマグマが足下に忍び寄ってきている。日本は激変する世界の潮流についていけなくなっている。政治だけでなく経済もである。国民は生きる目標を持てなくなってしまった。日露戦争から百年余、日本は幾度目かの重大な岐路に立たされているのである。

参考文献＊「満州に於ける露国の利権外交史」著者ベ・ア・ロマーノフ、訳者山下義雄（一九七三年、原書房）＊「日露戦争全史」著者D・ウォーナー、P・ウォーナー、訳者妹尾作太男、三谷庸雄（一九七八年、時事通信社）＊「満蒙処分論」原著クロパトキン、訳者大井包孝（一九一四年、民友社）＊「クロパトキン回想録」編集・発行者椎川亀五郎（一九一一年、偕行社）＊「日露戦争の秘密・ロシア側史料で明るみ出た諜報戦の内幕」著者デ・ペ・パブロフ、訳者左近毅（一九九四年、成文社）＊「ソ連から見た日露戦争」著者I・I・ロストーノフ、訳者及川朝雄（一九八〇年、原書房）＊「ニコライ二世」著者ドミニック・リーベン、訳者小泉摩耶（一九九三年、日本経済新聞社）＊「大帝ピョートル」著者H・トロワイヤ、訳者工藤庸子（一九八一年、中央公論社）＊「弾痕」著者マックス・ベールマン、斎藤鉄太郎（一九一二年、明治出版社）＊「ウイッテ伯回想記・日露戦争と露西亜革命（上中）」著者セルゲイ・ウイッテ、監修者大竹博吉（一九三〇年、ロシア問題研究所）＊「大いなる海へ」著者ハーモン・タッパー、訳者鈴木主悦（一九七一年、フジ出版社）＊「ツシマ・バルチック艦隊の壊滅」著者ノビコフ・プリボイ、訳者上脇進（一九八四年、原書房）＊「旅順攻防回想録」著者イム・コスチェンコ、訳者樋口石城（一九七三年、新時代社）＊「旅順口（上中下）」著者A・Nステーパノフ、訳者袋一平・正（一九七二年、新時代社）＊「ロマノフ王朝の滅亡」訳者川上洸（一九九七年、大月書店）＊「ロマノフ家の最後」著者A・サマーズ、T・マンゴールド、訳者高橋正（一九七七年、パシフィカ）＊「関東軍壊滅す」著者エル・ヤ・マリノフスキー、訳者石黒寛（一九六八年、徳間書店）＊「日露戦争の世界史」著者崔文衡、訳者菖熙（二〇〇四年、藤原書店）＊「ロシア革命哀史・ロマノフ朝最後の日」著者清水威久（一九四八年、霞関会）＊「日露戦争を演出した男モリソン（上下）」著者ウッドハウス暎子（一九八八年、東洋経済新報社）＊「露西亜史」著者山本利喜郎（一九〇一年、東京専門学校出版部）＊「列強対満工作史」著者ヴェ・アヴァリン、訳者ロシア問題研究所（一九六七年、原書房）＊「世界史としての日露戦争」著者大江志乃夫（二〇〇一年、立風書房）＊「検証・日露戦争」著者読売新聞取材班（二〇〇五年、中央公論新社）＊「最後のロシア皇帝ニコライ二世の日記増補」著者保田孝一（一九九〇年、朝日新聞社）「血の日曜日」著者和田春樹、和田あき子（一九七〇年、中央公論新社）＊「奉天三十年」著者D・クリスティー、訳者矢内原忠雄（一九三八年、岩波書店）＊「奉天の聖者クリステイ原著・満洲生活三十年」著者衛藤利夫（一九三五年、大亜細亜建設社）＊「満洲地誌（下）」著者守田利遠（一九〇六年、丸善）＊「明治外交秘話」著者小松緑（一九三六年、千倉書房）＊「金子堅太郎・回顧録日露戦争・日米外交秘録」編者石塚正英（一九八六年、長崎出版社）＊「曠野の花」著者石光真清（一九五八年、龍星閣）＊「日露戦争史」著者神戸務（一九〇六年、尚文社）＊「ポーツマスの旗　外相・小村寿太郎」著者吉村昭（一九七九年、新潮社）＊「小村寿太郎とその時代」著者岡崎久彦（一九九八年、PHP研究所）＊「魂の外交」著者本多熊太郎（一九四一年、千倉書房）＊「小村外交・明治百年史叢書」外務省編（原書房）＊「小村寿太郎・北京編」著者宿利重

一（一九四三年、春秋社松柏館）＊「謀略将軍・青木宣純」著者佐藤垢石（一九四三年、墨水書房）＊「参戦二十将星回顧三十年日露大戦を語る」編集相馬基（一九三五年、大阪毎日新聞社）＊「日露戦争史講受録」陸軍大学校集会所編（発行年数不明、平和社）＊「日露戦争の軍政史録」著者大山梓（一九七三年、芙蓉書房）＊「日露陸戦新史」著者沼田多稼蔵（一九八〇年、芙蓉書房）＊「日露戦争日記」著者多門二郎（二〇〇四年、芙蓉書房）＊「日露戦争(1)～(4)」著者児島襄（一九九六年、文藝春秋）＊「捕虜たちの日露戦争」著者吹浦忠正（二〇〇五年、日本放送出版協会）＊「ロシヤ戦争前後の秋山真之」著者島田謹二（一九九〇年、朝日新聞社）＊「日露戦争と児玉源太郎・天辺の椅子」著者古川薫（一九九六年、文藝春秋）＊「最後の『日本人』朝河貫一の生涯」著者阿部善雄（一九八三年、岩波書店）＊「ポーツマスから消された男」著者矢吹晋（二〇〇二年、東信堂）＊「日露戦争(一)(二)」編者軍事史学会（二〇〇四年、二〇〇五年、錦正社）

ＮＦ文庫書き下ろし作品

NF文庫

ロシアから見た日露戦争　新装版

二〇二四年五月二十一日　第一刷発行

著　者　岡田和裕

発行者　赤堀正卓

発行所　株式会社　潮書房光人新社

〒100-8077　東京都千代田区大手町一-七-二

電話／〇三-六二八一-九八九一(代)

印刷・製本　中央精版印刷株式会社

定価はカバーに表示してあります

乱丁・落丁のものはお取りかえ致します。本文は中性紙を使用

ISBN978-4-7698-3360-4　C0195

http://www.kojinsha.co.jp

NF文庫

刊行のことば

第二次世界大戦の戦火が熄《や》んで五〇年——その間、小社は夥しい数の戦争の記録を渉猟し、発掘し、常に公正なる立場を貫いて書誌とし、大方の絶讃を博して今日に及ぶが、その源は、散華された世代への熱き思い入れであり、同時に、その記録を誌して平和の礎とし、後世に伝えんとするにある。

小社の出版物は、戦記、伝記、文学、エッセイ、写真集、その他、すでに一、〇〇〇点を越え、加えて戦後五〇年になんなんとするを契機として、「光人社NF（ノンフィクション）文庫」を創刊して、読者諸賢の熱烈要望におこたえする次第である。人生のバイブルとして、心弱きときの活性の糧《かて》として、散華の世代からの感動の肉声に、あなたもぜひ、耳を傾けて下さい。

＊潮書房光人新社が贈る勇気と感動を伝える人生のバイブル＊

ＮＦ文庫

新装解説版　空母艦爆隊　真珠湾からの死闘の記録
山川新作
真珠湾、アリューシャン、ソロモンの非情の空に戦った不屈の艦爆パイロット——日米空母激突の最前線を描く。解説／野原茂。

フランス戦艦入門　先進設計と異色の戦歴のすべて
宮永忠将
各国の戦艦建造史において非常に重要なポジションをしめたフランス海軍の戦艦の歴史を再評価。開発から戦闘記録までを綴る。

海の武士道　敵兵を救った駆逐艦「雷」艦長
惠隆之介
漂流する英軍将兵四二二名を助けた戦場の奇蹟。工藤艦長陣頭指揮のもと海の武士道を発揮して敵兵救助を行なった感動の物語。

新装解説版　幻の新鋭機　震電、富嶽、紫雲……
小川利彦
戦争の終結によって陽の目をみることなく潰えた日本陸海軍試作機五十機をメカニカルな視点でとらえた話題作。解説／野原茂。

新装版　水雷兵器入門　機雷・魚雷・爆雷の発達史
大内建二
水雷兵器とは火薬の水中爆発で艦船攻撃を行なう兵器——水面下に潜む恐るべき威力を秘めた装備の誕生から発達の歴史を描く。

日本陸軍の基礎知識　昭和の戦場編
藤田昌雄
戦場での兵士たちの真実の姿。将兵たちは戦場で何を食べ、給水し、どこで寝て、排泄し、どのような兵器を装備していたのか。